La Doctrina de los Actos Propios y su Aplicación en Venezuela
(*venire contra factum proprium non valet*)

This book is available at Amazon.com ©

Publicado por CreateSpace
Copyright © 2015 por Roberto Lupini
robertolupini@gmail.com

Todos los derechos reservados. Queda prohibida la reproducción de este libro sin la autorización escrita del titular del Copyright.

A mis padres,
quienes hicieron posible este libro

*"The difficulty lies not so much in developing
new ideas as in escaping from old ones"*
(Keynes)

INDICE

I. INTRODUCCIÓN 10
II. REFERENCIA HISTÓRICA...15
III. CONCEPTO..23
IV. FUNDAMENTO...27
    1. La Apariencia Jurídica..29
    2. Buena Fe Como Principio General 31
    3. El Caso Particular De Los Contratos Internacionales y Los Principios UNIDROIT 45
V. NOCIÓN DE BUENA FE 51
    4. Buena Fe Subjetiva..57
    5. Buena Fe Objetiva Como Verdadero Fundamento De La Doctrina De Los Actos Propios 58
VI. NATURALEZA..66
    1. Como Principio General 67
    2. Como Regla De Derecho 73
    3. Como Norma De Derecho..77
VII. PRESUPUESTOS DE APLICACIÓN Y REQUISITOS DE PROCEDENCIA 83
    1. Presupuestos De Aplicación...................................83
    A. *La conducta relevante y eficaz que suscite en la otra parte una expectativa seria de comportamiento futuro* *87*
        a. La eficacia de la conducta 87
        b. La expectativa de comportamiento................................91
        c. El problema de la conducta basada en el error 94
    B. *La pretensión posterior de ejercer un derecho subjetivo de forma contradictoria...106*
    C. *La identidad de sujetos 108*
    2. Requisitos Para El Empleo De La Regla........................109
    A. *Los actos expresivos de la voluntad del supuesto sujeto voluble deben ser inequívocos respecto de su alcance y de la intención de crear o modificar un derecho* *111*
    B. *La contradicción con el acto anterior debe ser palmaria..112*

C. La voluntad inicial no debe haber estado viciada *112*
D. La voluntad plasmada en el primer acto debe haber sido libre *113*
E. Debe darse la identidad de los sujetos que actúan y se vinculan en ambas conductas *113*
F. La juridicidad de la primera conducta *114*

VIII. EFECTOS Y CONSECUENCIAS DE LA DOCTRINA EN CUESTIÓN 114

IX. SIMILITUDES CON DOS FIGURAS DE DERECHO COMPARADO 118
1. El Estoppel 118
2. La Verwirkung 124

X. ALGUNOS LÍMITES EN TORNO A LA APLICACIÓN DE LA DOCTRINA DE LOS ACTOS PROPIOS 126
1. Cumplimiento de los requisitos 127
2. Que el caso no pueda subsumirse en otra institución jurídica (*similitudes con otras instituciones*) 127
   A. La eficacia vinculante del negocio *128*
   B. La renuncia *129*
   C. De la máxima Nemo auditur propriam turpitudinem allegans *130*
   D. La impugnación del contrato nulo en el cual una de las partes ha prestado su aquiescencia para la ejecución del contrato *131*
3. No Debe Aplicarse Cuando el Cambio de la Conducta Está Autorizado por la Ley 133
4. No debe Aplicarse Cuando Exista una Norma que Regule una Solución para la Conducta Contradictoria 135

XI. CONCLUSIONES GENERALES 137

XII. BIBLIOGRAFÍA 140

I. INTRODUCCIÓN

Es frecuente observar como los sujetos de una relación jurídica actúan de forma contradictoria con su propia conducta defraudando las expectativas de su contraparte. En el marco de relaciones jurídicas -bien sea entre particulares o incluso con la Administración- las partes de dichas relaciones adoptan ciertas posiciones que muchas veces crean una confianza o expectativa en su contraparte. A raíz de este tipo de circunstancias cabe preguntarse ¿qué pasa, por ejemplo, con aquel individuo que ha intervenido en una situación jurídica bajo una determinada caracterización creadora de expectativas específicas y conscientemente asumida? ¿no podrá éste, luego, asumir una caracterización distinta? ¿Qué sucede cuando un individuo ha reconocido cierto carácter a otra parte? ¿Podrá ésta, luego, desconocer dicho carácter? o más frecuentemente ¿Qué sucede cuando un individuo sostiene frente a otra la existencia o la inexistencia de una determinada relación jurídica? ¿Podrá éste posteriormente hacer valer una posición contraria a la que había previamente aceptado?

Es precisamente la conducta contradictoria o desleal, el quiebre de confianza que se genera al actuar de forma contradictoria, lo que da origen a la prohibición que se pone de manifiesto a través del viejo adagio latino *"venire contra factum proprium non valet"*, modernamente conocido como la doctrina de los actos propios o propios actos como ha sido llamada por algunos.

Como bien lo señaló una sentencia española del 16 de noviembre de 1960 "pocas reglas de derecho poseen una vaguedad y una falta de concreción tan grandes, hasta el punto de que es posible decir que su aplicación o inaplicación se fundan, la mayor parte de las veces, en convicciones intuitivamente formadas". A pesar de esta vaguedad indiscutible a la que se refirió la mencionada sentencia en su momento y que ha sido puesta de manifiesto por la doctrina comparada, la regla del *venire* ha sido implementada ya desde hace muchos años por diversos ordenamientos jurídicos incluyendo el español, el argentino, el chileno y muchos otros similares al nuestro.

Tal como lo reconoce el maestro DIEZ PICAZO en su trascendental obra sobre la doctrina en cuestión,[1] es a raíz de la reiterada utilización de esta regla que algunos autores como él se vieron en la obligación de dedicar significativas obras que ayudaran a la consolidación definitiva de la misma. Tal como veremos, tanto en nuestro país como en muchos otros países en que se ha implementando la regla del *venire* no existe consagración legal expresa que la sustente, sino más bien, la misma ha sido producto de la creación jurisprudencial y doctrinaria.

A pesar de la enorme difusión que ha tenido la doctrina de los actos propios desde principios del siglo XX en países como España y

---

[1] DIEZ PICAZO, Luis, *La doctrina de los actos propios; un estudio crítico sobre la jurisprudencia del tribunal supremo*, Editorial Bosch, Barcelona, 1962, p. 21. La transcendencia de esta obra del profesor DIEZ PICAZO, que sin lugar a dudas constituye uno de los trabajos más valiosos que jamás se hayan escrito en esta materia, nos obliga a hacer reiterada referencia a ella a lo largo de este trabajo.

en los años siguientes en Argentina y Chile, no es posible encontrar en Venezuela así sea una sola obra o sentencia que se haya dedicado a analizar rigurosamente este tema. Si bien es posible observar cómo algunas sentencias,[2] al igual que algunos trabajos de autores

---

[2] Debido a la falta de desarrollo de la regla del *venire contra factum proprium* es posible observar como algunas de estas sentencias incurren en importantes errores conceptuales y todas ellas aplican dicha regla, en nuestro criterio, sin una fundamentación suficiente. Así pues, vemos como la sentencia citada de seguidas, si bien hace sólo una mención a la doctrina de los actos propios, incurre en el grave error de equiparar dicha doctrina con el principio de "confianza legítima" en materia administrativa. Si bien es cierto que la figura de la confianza legítima puede tener algunas similitudes con la doctrina de los actos propios, estas dos instituciones no deben confundirse *Cfr*. Sentencia del Juzgado Superior Civil y Contencioso Administrativo de la Región Centro Occidental (caso: José Nicolás Añez vs. Municipio Iribarren), 12 de mayo de 2004 (Con respecto al principio de confianza legítima puede verse en nuestro país RONDÓN DE SANSÓ, Hildegard, *Confianza Legítima y el Principio de Precaución en el Derecho Administrativo*, Caracas, 2006, pp. 1-111 y COLMAN, Eduardo, *La protección de la confianza legítima en el derecho español y venezolano*, Fundación de Estudios de Derecho Administrativo, Caracas, 2011). Por otro lado, puede verse el error en que incurre la decisión interlocutoria dictada por el Juzgado Primero de Primera Instancia en lo Civil, Mercantil, del Tránsito y Bancario de la Circunscripción Judicial del Estado Cojedes (caso: Ana Mercedes Aponte), 23 de septiembre de 2008, disponible en: http://cojedes.tsj.gov.ve/decisiones/2008/septiembre/1531-23-10.435-.html. Dicha decisión fue el resultado de un procedimiento de rectificación de documentos (actas de defunción). En el mismo, uno de los co-demandados del procedimiento otorgó un poder judicial a su representante judicial para que lo representara en juicio, bajo un nombre (Luis Rafael Aponte Morales). La parte solicitante procedió a tachar dicho documento sobre la base de que ese no era el verdadero nombre del co-demandado, quien se llamaba realmente Luis Rafael Martínez. La tacha del documento traería como consecuencia la reposición de la causa al estado de tener que citar a Luis Rafael Martínez (la misma persona que Luis Rafael Aponte Morales). El juzgador procedió a invocar la doctrina de los actos propios sin proporcionar una fundamentación convincente, alegado que los argumentos de la tachante iban contra sus propios actos en vista de que la misma había reconocido en el escrito de solicitud de rectificación que Luis Rafael Martínez era la misma persona que Luis Rafael Aponte Morales. A nuestro modo de ver las cosas, existe aquí una gran confusión en la decisión del juzgador. Entre otras cosas, pensamos que en ése caso no puede hablarse de una conducta contradictoria relevante. El hecho de que la tachante haya señalado en un documento anterior a la tacha que Luis Rafael Martínez era en efecto la misma persona que Luis Rafael Aponte Morales, no denota una conducta ni relevante ni inequívoca. Así, la conducta de la tachante no implica la adopción de una posición

nacionales[3] han hecho mención a la regla de *venire contra factum proprium*, las referencias han sido meramente tangenciales y, en definitiva, podemos decir que hoy por hoy no es posible conseguir en la doctrina venezolana así sea un trabajo en el que se haya elaborado un análisis detallado sobre la doctrina de los actos propios.

Desde el punto de vista del derecho privado, el profesor GONZALO RODRÍGUEZ MATOS ha hecho un valioso aporte con respecto a la noción de buena fe contractual en su artículo sobre la buena fe en la ejecución del contrato.[4] En dicho artículo el autor

---

determinada, se trata más bien de una expresión meramente incidental, que difícilmente podría tener relevancia ni mucho menos podría generar una confianza o expectativa de que no se va solicitar la tacha del documento en el cual dicha persona estaba, según la tachante, mal identificada (como Rafael Aponte Morales) y, por consiguiente, la tachante sencillamente buscaba rectificar la situación. Además de lo anterior, no vemos que exista una verdadera contradicción entre las conductas de la tachante en el sentido que se le atribuye a la contradicción en la sección VII.1.B. Por último, puede verse una sentencia en la que, en aplicación de la regla del *venire,* el juzgador aplicó una Convención Colectiva que pretendía ser desconocida por la demandante, sobre la base de que ésta adolecía de vicios formales, a pesar que ella misma la había firmado frente a todos sus trabajadores *Cfr.* Sentencia del Juzgado Superior Civil y Contencioso Administrativo de la Región Centro Occidental (caso: Elia Maritza Piñango de Piñango vs. UNEXPO), 10 de diciembre de 2003, disponible en: http://lara.tsj.gov.ve/decisiones/2003/diciembre/648-10-KPO2-N-2002-000378-7476.html;

[3] Vemos como el profesor Melich hace una mera referencia a la regla del *venire contra factum proprium* en un pie de página en su libro Doctrina General del Contrato *Cfr.* MELICH ORSINI, José, *Doctrina General del Contrato*, 4ta edición ampliada y corregida, Academia de Ciencias Políticas y Sociales, Caracas, 2006, p. 857; recientemente, Fernando Guerrero Briceño ha hecho breve referencia al principio con respecto a la inscripción registral *Cfr.* GUERRERO BRICEÑO, Fernando, *Algunas consideraciones en torno a la buena fe en el Derecho Mercantil venezolano,* en: Temas Generales de Derecho Mercantil, libro homenaje a Alfredo Morles Hernández, Publicaciones UCAB, Tomo I, Caracas, 2012, p. 124; RODRÍGUEZ MATOS, Gonzalo, *La buena fe en la ejecución del contrato,* en: Temas de Derecho Civil, Homenaje a Andrés Aguilar Mawdsley, Colección Libros Homenajes, No. 14, Tribunal Supremo de Justicia, Caracas, 2004, pp. 438.

[4] RODRÍGUEZ MATOS, Gonzalo, *op. cit.,* 436 *et seq.*

hace una completa descripción del principio de la buena fe contractual y sus corolarios en las diversas etapas de la contratación. Entre los diversos aspectos de la buena fe durante la ejecución del contrato, el autor se refiere brevemente al deber de lealtad y al deber de cooperación entre las partes. La existencia de este deber de lealtad que surge como manifestación del principio de la buena fe contractual es uno de los corolarios del principio de la buena fe que guarda una estrecha relación con la doctrina en cuestión. Ahora bien, lo cierto es que esta referencia aislada a dicho deber no es suficiente para fundamentar y justificar la aplicación una regla tan vaga como el *venire contra factum*, especialmente en los casos en que no se está en presencia de un contrato.

La falta de atención que ha tenido este tema en nuestro país es una cuestión lamentable, sobre todo se tiene en cuenta la utilidad práctica que puede tener esta regla para solucionar algunos supuestos no tipificados expresamente por el legislador y si se toma en consideración la frecuente aplicación que ha tenido la regla del *venire* en muchos de los países de nuestro continente.

La falta de tratamiento que ha tenido este tema en Venezuela junto con la frecuencia con la que nos encontramos en la práctica profesional con supuestos de conductas contradictorias, desleales o incoherentes, es precisamente lo que nos ha motivado a escribir este trabajo, cuya finalidad es explicar los elementos fundamentales de la doctrina de los actos propios y justificar su procedencia en Venezuela. Para lograr esto, hemos procurado hacer una recopilación de datos provenientes de ordenamientos jurídicos similares al nuestro para examinarlos y así poder analizar y justificar la procedencia del *venire contra factum* en Venezuela.

El aporte que pretende hacerse a través de este trabajo es ejecutado sin ningún tipo de pretensión de erudición ni con la intención de fijar criterios absolutos con relación a este tema. Advertimos al lector que diversas ideas aquí expuestas aún se encuentran en etapa de maduración y reflexión.

En fin, emprendemos esta labor con la esperanza de forjar un aporte novedoso, que sirva a la atención de los administradores de justicia y de los estudiosos del derecho para dar inicio a un debate fructífero sobre el tema. En última instancia, esperamos que este trabajo sirva como medio para alumbrar el camino a futuras decisiones judiciales que sirvan para consolidar de una vez por todas la regla del *venire contra factum proprium* en Venezuela.

II. Referencia Histórica

El análisis de una regla como la que pretendemos examinar merece una referencia obligatoria a las raíces históricas de las cuales proviene la noción general que prohíbe a las partes de una relación jurídica actuar de forma contradictoria con su conducta previa. Para esto, nos limitaremos a hacer mención de algunas de las referencias históricas más importantes que han sido puestas de manifiesto por la doctrina comparada.

Ya desde 1895, nos decía una sentencia[5] del Tribunal Supremo Español que: *(...) es un principio de derecho, aplicado ya por las leyes romanas (...) que nadie puede volverse contra sus propios actos.* Es común encontrar en la doctrina alguna referencia histórica a la regla de origen romano de *adversus factum suums quis venire non potest*, sin embargo, tal como lo explica el profesor DIEZ PICAZO, dicha máxima carece de otra prueba que no sea el lenguaje mismo en el que aparece.[6]

El Profesor DIEZ PICAZO[7] nos explica que se le atribuye a ULPIANO la solución de un caso que puede servir como un antecedente de la doctrina de los actos propios. Así pues, en un texto contenido en el Digesto (1.7.25 pr), ULPIANO se enfrenta con el problema de la hija que ha sido emancipada por su padre en frente de testigos y luego muere habiendo instituido herederos. El padre, después de la muerte de su hija, pretende no hacer valer la emancipación por cuanto ella carecía de alguna solemnidad. ULPIANO llega a la conclusión de que el padre no puede ir contra su propia actuación que consistió en tener a su hija como emancipada.

Otro texto fundamental de esta época que se toma como posible antecedente de la regla del *venire* se le atribuye a CELSO. En dicho texto, se expone el caso en que el acto jurídico constitutivo de una servidumbre no ha sido completado por la falta de voluntad de

---

[5] Citada por PARDO DE CARVALLO, Inés, *La doctrina de los actos propios,* en: Revista de la Facultad de Valparaiso, 1991-1992, p. 50.
[6] DIEZ PICAZO, *op. cit.*, p. 21.
[7] DIEZ PICAZO, *op. cit.*, p. 22-26.

uno de los condueños del predio. Bajo este escenario, el beneficiario de la servidumbre ejerció su derecho de paso por el predio. En vista de que la servidumbre no se había constituido formalmente, cualquiera de los condueños podría haber protestado por perturbación a la posesión o podría ejercer una acción negatoria. Ahora bien, CELSO consideró que el ejercicio de dicha acción negatoria estaría en contradicción directa con el principio de *bona fides*. Es por esto que el mencionado autor,[8] sobre la base de una interpretación conforme a la *"benignitas"*, propone que se puede flexibilizar el derecho civil estricto hasta el punto que se le concede al demandado una excepción que puede detener la acción negatoria.

Por otro lado, se ha dicho[9] que el primer intento por generalizar la regla que prohíbe contradecir la propia conducta pertenece al período de compilación justinianea del Siglo VI. En el último título de los libros de la obra que lleva por nombre *De diversis regulis iuris antiqui* los autores de la compilación insertaron un párrafo tomado de la obra de PAPINIANO, que en su formulación breve reza: *Nemo potest mutare concilium suum in alterius iniuriam*, es decir, "nadie puede cambiar su voluntad si esto perjudica a otro." Sin embargo, nos explica CORRAL TALCIANI,[10] que no parece que la intención original de PAPINIANO haya sido formular una regla de

---

[8] *Ibid.*
[9] CORRAL TALCIANI, Hernán, *La raíz histórica del adagio "Venire contra factum proprium non valet*, en: venire contra factum proprium: escritos sobre la fundamentación, alcance y límites de la doctrina de los actos propios, Cuadernos de Extensión, Universidad de los Andes, 2010, pp. 19-33. p. 23.
[10] *Ibid.*

aplicación general. Más bien, afirma el precitado autor que el hecho de que los compiladores del Digesto la hayan tomado del libro de "Cuestiones" induce a pensar, por el contrario, que se trataba de una afirmación suscitada por la solución de un caso particular.

En vista del carácter general y vago de la regla citada, algunos autores han dudado del origen romano de dicha máxima sobre la base de que la generalidad y vaguedad no parecieran ser características compatibles con el proceder de la jurisprudencia romana que era sumamente casuista y concreta.[11] Si bien es cierto que el origen romano de la regla que prohíbe ir en contra de los propios actos no ha sido fácil de precisar, no cabe la menor duda de que la regla del *venire* se formalizó y concretó en un período posterior a raíz de una serie de decisiones romanas que sirvieron de base y de justificación de la doctrina elaborada por la Glosa.[12]

En tal sentido, si revisamos cuanto ha dicho la doctrina con respecto al origen del *venire contra factum proprium* inmediatamente vemos la importancia que tuvo el período post romano, en particular las épocas del derecho intermedio que comprenden el redescubrimiento del *Corpus Juris Civilis*, hasta la codificación de los derechos nacionales.[13]

---

[11] PARDO DE CARVALLO, *op. cit.*, p. 50.
[12] Para un análisis detallado de algunas decisiones a las que hacemos mención, *Cfr.* DIEZ PICAZO, *op. cit.*, p. 22 *et seq*; EKDAHL ESCOBAR, María Fernanda, *La doctrina de los actos propios; el deber jurídico de no contradecir conductas propias pasadas*, Editorial Jurídica de Chile, Santiago de Chile, 1989, p. 43 *et seq*; PARDO DE CARVALLO, *op. cit.*, p. 50 *et. seq.*
[13] EKDAHL ESCOBAR, *op. cit.*, p. 51.

Dentro de este período se comprende el trabajo de la escuela de la Glosa en Italia y, por otro lado, el trabajo de los post-glosadores, a quienes se les atribuye la labor de haber continuado la invalorable obra iniciada por los glosadores. Así pues, nos lo ilustra el maestro DIEZ PICAZO al explicar que la regla de *venire contra factum proprium nulli conceditur* aparece por primera vez como uno de los axiomas que caracterizaron a la escuela de la Glosa. Explica el mismo autor que tal formulación aparece recogida en la rúbrica X de la obra de AZO.[14] El referido axioma es el resultado de la síntesis de diversos textos romanos que concuerdan en la imposibilidad de aceptar la contradicción en la conducta de las partes de una relación jurídica.[15]

El siguiente período de especial importancia para el estudio del origen de la regla del *venire* es el de los post-glosadores. En este sentido, es acertado hacer mención al trabajo de al menos dos importantes post-glosadores como lo fueron BARTOLO DE SASSOFERRATO Y BALDO DE UBALDI, a quienes se les atribuye una labor importante al haberse referido al tema en cuestión. A SASSOFERRATO se le atribuye la labor de haber despejado la idea de la renuncia tácita basado en la idea de los actos propios. En términos resumidos, SASSOFERRATO advierte que nadie puede ir en contra de un acto propio que sea lícito. En tal sentido, éste distingue si el acto propio fue realizado *secundum legem, praeter legem* o *contra legem*. Sólo en aquellos casos en que el acto era realizado conforme al texto

---

[14] DIEZ PICAZO, *op. cit.*, pp. 45-46.
[15] EKDAHL ESCOBAR, *op. cit.*, p. 53.

de la ley o al menos no era prohibido por ésta, la regla del *venire* era aplicable y no podía negarse con una conducta posterior. En cambio, en aquellos casos en que el primer acto era contrario a la ley (*contra legem*), era posible privarlo de eficacia en base a la revocabilidad de toda conducta prohibida por ley.[16]

En cambio, a UBALDI se le atribuye, entre otras cosas, la labor de haber ayudado a despejar las dudas con respecto al problema del actuar en nombre propio o en nombre ajeno. UBALDI sigue las ideas de SASSOFERRATO en cuanto a la distinción entre el acto que ha sido *secundum legem, contra legem* o *preater legem*, sin embargo, introduce nuevas distinciones puestas de manifiesto por CORRAL TALCIANI: "si se actuó a nombre propio o a nombre ajeno, si el acto *praeter legem* era un contrato *ipso iure* nulo y si siendo *ipso iure* nulo lo era "*quoad rem et obligationem*" o sólo "*quoad rem*", y, finalmente, respecto de este último si la causa de la nulidad era conocida o ignorada".[17] Con estas distinciones, explica el autor chileno, se extraen una serie de consecuencias: (i) si se actuó a nombre propio y el acto es *contra legem*, igualmente procede la revocación, es decir, no se aplica la regla; (ii) si el acto a nombre propio fue *preater legem*, por regla general no puede impugnarse, es decir, se aplica la regla salvo que el acto sea nulo por una nulidad *quoad rem et obligationem*, caso en que es impugnable y por tanto no se aplicaría la regla; (iii) si el acto es ineficaz por una nulidad

---

[16] CORRAL TALCIANI, *op. cit.*, p. 27.
[17] *Ibid.*

sólo *quoad rem* no procede la impugnación, es decir, se aplica la regla, salvo que se ignore la causa de la nulidad "*inter ignorantem*".[18]

Por otro lado, debido a su trascendencia, es importante hacer mención a la obra de los prácticos y tratadistas entre los cuales aparece reiteradamente citada la regla de derecho del *venire contra factum* a lo largo de los siglos XVI y XVII. A pesar de la común utilización de la máxima durante este período, no existe, en principio, una elaboración doctrinal del tema como tal. Sin embargo, podemos señalar como excepción de esta falta de tratamiento, a lo que algunos han calificado como el primer ensayo monográfico sobre el tema. Se trata de la obra de JUAN CRISTOBAL SCHACHER[19] la cual lleva como título *De impugnatione facti propii*. En esta obra el autor se plantea el dilema de cuáles son los casos en que una persona puede contradecir sus propios actos y, a su vez, el autor elabora varios capítulos donde se enumeran una serie de actos de impugnación de actos propios en diversas ramas del derecho.

Además de estas referencias antiguas, es importante mencionar concisamente algunas instituciones que presentan ciertas similitudes con la regla bajo estudio y por tanto pueden haber tenido cierta influencia en algunos aspectos de ella.[20] En este sentido, vale la pena destacar el aporte que han hecho los alemanes con la

---

[18] *Ibid.*
[19] La referencia a la obra de Schacher es hecha, entre otros, por DIEZ PICAZO, *op. cit.*, pp. 54-57.
[20] Más adelante en las secciones IX.1 y IX.2 haremos referencia particular a la *Verwirkung* y al *estoppel* y destacaremos algunas diferencias fundamentales entre estas figuras y el *venire contra factum*.

creación de la figura del *Verwirkung* o "caducidad" por ausencia de ejercicio de algún derecho. Podríamos decir que se trata de una figura que presenta ciertas similitudes con lo que los anglosajones han llamado "*acquiesence*". La doctrina de la *quoad Verwirkung*, propia de los alemanes y los suizos, se concreta cuando un individuo espera un período significativo de tiempo para hacer valer algún derecho y, como consecuencia de una conducta anterior, se origina en el sujeto obligado una confianza de que el derecho ya no será ejercido. Así pues, parte de la doctrina alemana ha aceptado la *Verwirkung* como una aplicación de la regla del *venire contra factum proprium*, al considerar que es función del ordenamiento jurídico proteger la confianza suscitada por el comportamiento del otro.[21]

Podemos mencionar otra figura que, si bien forma parte de los sistemas jurídicos del *common law*, vale la pena mencionar en los antecedentes históricos de la regla del *venire* por su influencia en los ordenamientos que siguieron la tradición napoleónica. En tal sentido, los anglosajones han creado una figura que cumple con funciones bastantes similares a la de la regla que prohíbe *venire contra factum proprium*, tal es el caso del llamado *estoppel* o *stoppel*. Tal como veremos en la sección IX.1 más adelante, la figura del *estoppel* prohíbe que en el curso de un proceso una de las partes alegue o pruebe la falsedad de un hecho que la misma parte con anterioridad

---

[21] BERNAL FANDIÑO, Mariana, *el deber de coherencia en los contratos y la regla del venire contra factu, proprium,* en: Revista Universitas, Universidad Javeriana, Bogotá, 2008, p. 295.

había dado como cierto. La finalidad del *estoppel* pareciera ser la misma que la del venire, impedir la conducta contradictoria.

Por último, hay quienes han afirmado que el origen de la regla se encuentra en la *exceptio doli*, la cual, en términos reducidos implica *un mecanismo de defensa del demandado según el cual podía oponer el dolo de la contraparte cometido al momento en que se celebró el negocio o al momento en que se ejercía la acción*.[22]

En términos resumidos, podemos decir que éstas son las principales referencias históricas de la regla del *venire contra factum*. Por supuesto, existen muchas otras a las que no haremos referencia por cuanto escapan del verdadero objeto de este trabajo.[23]

III. CONCEPTO

A pesar de la enorme difusión que ha tenido la doctrina de los actos propios en ordenamientos jurídicos extranjeros no es tarea sencilla conseguir una definición universal de la misma. A continuación, veremos brevemente cuáles han sido algunas de las definiciones más importantes que hemos logrado encontrar en la doctrina comparada.

---

[22] MORALES HERVIAS, Rómulo, *La doctrina de los actos propios entre negocio jurídico y el contrato. Historia de una importación impracticable e injusta*, Derechovirtual.com, Abril-Junio 2006, Lima, Asociación Civil Impulso Legal Peruano, disponible en: http://works.bepress.com/cgi/viewcontent.cgi?article=1004&context=romulo_moraleshervias.

[23] Para una referencia mucho más detallada sobre los antecedentes históricos de la figura bajo estudio *Cfr*. DIEZ PICAZO, *op. cit.*, pp. 22-61; puede verse también CORRAL TALCIANI, *op. cit.*, pp. 19-33.

El jurista alemán Ludwig Enneccerus expresó el sentido de la regla en cuestión en los siguientes términos:

> *A nadie es lícito hacer valer un derecho en contradicción con su anterior conducta, cuando esta conducta, interpretada objetivamente según la ley, las buenas costumbres o la buena fe, justifica la conclusión de que no se hará valer el derecho o cuando el ejercicio posterior choque contra la ley, las buenas costumbres o la buena fe.[24]*

Por otro lado, el prominente jurista chileno Fernando Fueyo Laneri ha definido a doctrina de los actos propios como:

> *La doctrina de los actos propios es un principio general del derecho, fundado en la buena fe, que impone un deber jurídico de respeto y sometimiento a una situación jurídica creada anteriormente por la conducta del mismo sujeto, evitando así la agresión de un interés ajeno y el daño consiguiente.[25]*

---

[24] ENNECCERUS, Ludwig, *Tratado de derecho Civil*, 13va edición, revisada y traducida al castellano por Hans C. Nipperdey, Tomo I, Vol. II, Buenos Aires, 1948, p. 482.

[25] FUEYO LANERI, Fernando, *Instituciones de derecho civil moderno*, Editorial Jurídica de Chile, Santiago, 1990, 319; Tal como puede observarse, dicho autor considera que la regla del *venire* constituye en efecto un principio general del derecho, sin embargo, más adelante nos detendremos sobre la naturaleza de la norma bajo estudio y veremos que para otros esta la regla de *venire* no puede hoy en día calificarse como un principio general de derecho sino más bien como una mera regla de derecho.

En términos similares, el profesor argentino MARCELO LÓPEZ MESA ha dicho:

Se trata de una idea simple: nadie puede variar de comportamiento injustificadamente, cuando ha generado en otros una expectativa de comportamiento futuro.[26]

A su vez, los autores AUGUSTO MORELLO y FERNANDO STIGLITZ han dicho lo siguiente con respecto a la doctrina en estudio:

(...) la doctrina del acto propio importa una limitación o restricción al ejercicio de una pretensión. Se trata de un impedimento de "hacer valer el derecho que en otro caso podía ejercitar." Lo obstativo se apoya en la ilicitud material –se infringe el principio de buena fe– de la conducta ulterior en contradicción con la que le precede. Y se trata de un supuesto de ilicitud material que reposa en el hecho de que la conducta incoherente contraría el ordenamiento jurídico, considerado éste inescindiblemente.[27]

En sentido similar, el maestro DIEZ PICAZO, haciendo alusión a la noción de pretensión contradictoria, en el sentido del acto de

---

[26] LÓPEZ MESA, Marcel, *La doctrina de los actos propios en la jurisprudencia: la utilidad de las normas abiertas el ocaso del legalismo estricto y la nueva dimensión del juez*, Ediciones Depalma, Buenos Aires, 1997, p. 45.
[27] MORELLO, Augusto y STIGLITZ, Fernando, *Inaplicabilidad de la doctrina del acto propio a la declaración viciada por falta de libertad y por violencia*, en: Revista La Ley del 10/08/04, 1 (DJ 2004-II-1241).

ejercer un derecho subjetivo o de una situación de poder frente a otra persona, ha dicho:

> *Esto significa que una pretensión es inadmisible y no puede prosperar cuando se ejercita en contradicción con el sentido que, objetivamente y de buena fe, ha de atribuirse a una conducta jurídicamente relevante y eficaz, observada por el sujeto dentro de una relación jurídica.*[28]

En última instancia, vale la pena referirnos a la definición adoptada por la profesora EKDAHL ESCOBAR:

> *Es así como dentro de ese contexto se ubica la regla que establece que a nadie le es lícito hacer valer un derecho en contradicción con su anterior conducta, lo que concierne al principio que impide las conductas contradictorias y que se plasma en la máxima venire contra factum proprium non valet.*[29]

Puede apreciarse que ha habido múltiples intentos para definir a la doctrina del acto propio. Lo cierto es que, si bien es posible observar algunos matices dentro de las definiciones transcritas anteriormente (*v.g.* la definición de FUEYO LANERI hace alusión a la doctrina como un principio general del derecho)

---

[28] DIEZ PICAZO, *op. cit.*, p. 189.
[29] EKDAHL ESCOBAR, *op. cit.*, p. 25.

pareciera haber un factor común con respecto a un punto en particular: la inadmisibilidad de conductas contradictorias.

Para nosotros, la doctrina de los actos propios es una regla de derecho derivada directamente del principio de la buena fe, según la cual a nadie le es lícito hacer valer un derecho cuando ello contradiga un primer acto -valorado en base a criterios objetivos de la buena fe- en base al cual se pueda justificar la conclusión de que no se hará valer dicho derecho.

IV. FUNDAMENTO

Una vez abordado el concepto de la doctrina de los actos propios, es necesario que hablemos sobre el fundamento de la misma. Tal como hemos dicho, pareciera no haber mayor discusión en la doctrina comparada en torno al reconocimiento del principio general de la buena fe como fundamento de la regla del *venire*.[30]

Ahora bien, hallar la fundamentación de la doctrina de los actos propios en Venezuela requiere de un análisis minucioso teniendo en consideración la falta de regulación y la ambigüedad de la misma. Como producto de dicho análisis surgen inmediatamente algunas interrogantes, siendo las más obvia la que atiende a

---

[30] En tal sentido *Cfr.* PUIG BRUTAU, *op. cit.*, p. 112; DIEZ PICAZO, *op. cit.*, p. 133; LOPEZ MESA, *op. cit.*, p.29; EKDAHL ESCOBAR, *op. cit.*, p. 59; MAIRAL, Hector, *op. cit.*, p. 5; PARDO DE CARVALLO, *op. cit.*, p. 55. Esta premisa ha sido igualmente reconocida por al menos una sentencia de un tribunal de instancia venezolano *Cfr.* Sentencia del Juzgado Tercero de Primera Instancia en lo Civil, Mercantil y del Tránsito de la Circunscripción Judicial del Estado Lara del 19 de octubre de 2006 disponible en internet en: http://jca.tsj.gov.ve/decisiones/2006/octubre/653-19-KP02-R-2003-221-.html

determinar ¿Cuál es el verdadero fundamento de la doctrina de los actos propios? Pero también ¿Puede fundamentarse la doctrina bajo estudio en un principio general de derecho? ¿Es la buena fe un principio general de derecho en Venezuela? ¿Rige la buena fe todas las situaciones jurídicas en Venezuela?

Hemos dicho que el principio general de la buena fe sirve de fundamento para la justificar la existencia de la doctrina de los actos propios. Para entender esto, es necesario tener presente que uno de los requisitos para obrar conforme al principio de la buena fe es precisamente la exigencia de un comportamiento coherente.[31] Ahora bien, estas referencias al principio general de la buena fe, nos obligan a indagar acerca de qué es un principio general de derecho y por qué la buena fe es realmente un principio general de derecho.

Tal como veremos más adelante, a nuestro modo de ver las cosas, la buena fe en la que se fundamenta la doctrina de los actos propios es un verdadero principio general de derecho. En consecuencia de esto, entendemos que la buena fe aplica al ordenamiento jurídico como un todo, de la forma más general, sin admitir excepciones e independientemente de que en algunos casos la buena fe esté regulada de forma expresa.[32]

---

[31] DIEZ PICAZO, *op. cit.*, p. 142.
[32] Teniendo en consideración la ausencia de norma legal expresa que obligue a todos los individuos sometidos al ordenamiento jurídico venezolano a ejecutar todos los actos jurídicos en base a los dictados de la buena fe, es válido preguntarse qué sucede por ejemplo en los casos en que no se está en presencia de una relación contractual y por ende no podría afirmarse que se está frente a la noción de buena fe contractual prevista en el Artículo 1.160 del Código Civil ¿Puede realmente hablarse de un deber general de buena fe fuera de los casos

Antes de adentrarnos en el tema de la buena fe y en vista de que algún autor ha intentado fundamentar la regla del *venire* en la apariencia jurídica, nos parece pertinente ver brevemente por qué la apariencia jurídica no puede servir de fundamento para la doctrina el *venire contra factum*.

1. La Apariencia Jurídica

Algunos autores han sostenido que la doctrina de los actos propios encuentra su fundamento en la violación de la apariencia jurídica.[33] Quienes sostienen esta posición lo han hecho sobre la base de que la conducta produce efecto independientemente de la intención del actor, puesto que debe protegerse la confianza que los terceros puedan haber depositado en la apariencia creada por tal conducta.[34]

Sin embargo, como bien lo explica el profesor DIEZ PICAZO, la fundamentación de la regla bajo estudio en la apariencia jurídica no es correcta, pues, la confianza suscitada por los actos que

---

regulados por este artículo? ¿Es posible hablar de un deber de lealtad general para con todo el mundo sin la necesidad de estar vinculados por un contrato? ¿Cuál es la extensión del principio de buena fe? ¿Existe realmente un deber que exige actuar de forma leal en todas las relaciones jurídicas? Tendremos la oportunidad de ver *infra* que para algunos supuestos específicos como la ejecución del contrato, la buena fe está regulada expresamente, ahora bien, esto no significa que la ausencia de regulación traiga como consecuencia que los negocios jurídicos no tipificados no deban regirse por el principio general de la buena fe.

[33] PUIG BRUTAU, *op. cit.,* p. 103; más recientemente PIAGGI, Ana, *Reflexiones sobre dos principios basilares del derecho: La buena fe y los actos propios,* en: Tratado de la Buena fe en el derecho, La Ley, Argentina, T. I. 2005, pp. 117-18.

[34] MAIRAL, Hector, *La Doctrina de los actos propios y la administración pública,* Ediciones Depalma, Buenos Aires, 1994, p. 14.

imponen una coherencia de comportamiento no es sólo la confianza en una apariencia jurídica, sino que la exigencia de un comportamiento coherente va más allá de la mera protección de una apariencia jurídica.[35]

Es decir, no sólo los individuos que producen una apariencia que genera una determinada confianza están obligados a respetar esa confianza, sino que, aquellas personas que generan una determinada confianza o expectativa seria de comportamiento futuro, la cual puede no estar fundada en una apariencia jurídica, están obligadas a comportarse de manera coherente para no defraudar dicha confianza o expectativa de comportamiento.

Existen innumerables casos en los que un sujeto engendra una determinada confianza o expectativa sin la necesidad de crear una apariencia jurídica. Tal es el caso del acreedor de una obligación a término quien a través de sus actos crea una confianza o una expectativa de que una vez vencido el término, éste va a otorgar una prórroga a su deudor para el pago de la obligación. En dicho caso, pareciera que de no otorgar la prórroga al vencimiento del término, se estaría contraviniendo el principio de la buena fe porque se defraudaría la confianza o expectativa que el acreedor había suscitado en el deudor a través de sus propios actos. Lo mismo puede decirse del caso en que un sujeto ha reconocido un cierto carácter a otro sujeto y luego pretende desconocerlo.

---

[35] DIEZ PICAZO, *op. cit.*, p. 142.

Coincidimos con quienes afirman que el creador de una apariencia jurídica está obligado por la buena fe a no destruir dicha apariencia. Ahora bien, pensamos que la finalidad de la doctrina de los actos propios trasciende la mera protección de la *apparentia iuris* y se ocupa también de todas aquellas situaciones en las que se pretende contravenir el principio de la buena fe mediante la defraudación de la confianza creada por el deber de actuar de forma coherente.

2. Buena Fe Como Principio General

Si bien es cierto que en Venezuela, al igual que en la mayoría de los países en los que se ha implementado la regla bajo estudio, no existe un fundamento legal expreso que recoja a la doctrina de los actos propios como tal, el fundamento de dicha regla se encuentra inserto en el principio general de la buena fe.

Algunos podrían preguntarse si es realmente posible fundamentar una regla de derecho como la del *venire contra factum proprium* en un principio general que no está expresamente consagrado en el ordenamiento jurídico.[36] Ahora bien, debe tenerse

---

[36] En otros ordenamientos jurídicos como el canadiense y el español vemos como ha habido una consagración bastante más general del principio de la buena fe que en nuestro país. En tal sentido el Artículo 6 del Título Primero del Código Civil de Quebec reza: *"toda persona está obligada a ejercer sus derechos civiles de buena fe"*. Por su parte, el Artículo 7 del Código Civil español establece: *"Los derechos deberán ejercitarse conforme a las exigencias de la buena fe"*. Tal como veremos, existen algunas normas que regulan supuestos específico como por ejemplo el artículo 1.160 del Código Civil. Ahora bien, no existe una norma que recoja el principio de la buena fe en términos generales como si lo hacen otros ordenamientos.

en consideración que la mayoría de los autores que han tratado el tema de los principios generales del derecho, incluyendo los profesores Luis Diez Picazo y Antonio Gullón, han explicado que para que una norma constituya un verdadero principio general del derecho basta con su arraigo como norma fundamental en la conciencia social sin que sea necesaria la consagración legal expresa.[37] El hecho de que un principio general del derecho no esté recogido expresamente en una disposición normativa, no constituye en caso alguno, un obstáculo para apelar a su aplicación en situaciones concretas.[38] Así ha sido reconocido por algunas decisiones emanadas de nuestro Tribunal Supremo de Justicia.[39] Así pues, vale decir que es una noción generalmente aceptada que la buena fe -como principio general de derecho- está presente en todos los sistemas jurídicos que conocemos, independientemente de que se le recoja expresamente o no, en textos normativos.[40]

---

[37] DIEZ PICAZO, Luis y GULLÓN, Antonio, *Sistema de Derecho Civil*, Sexta Edición, Editorial Tecnos, Volumen I, 1988, Madrid, p. 156.
[38] OLAZO, Luis María, *Curso de introducción al derecho: introducción a la teoría general del derecho*, Tomo II, Universidad Católica Andrés Bello, Caracas, 2007, p. 564.
[39] En materia de principios constitucionales, puede verse la sentencia de la Sala Constitucional de fecha 9 de marzo de 2000 (caso: José Alberto Zamora Quevedo) *"Muchos de los principios que recoge la Constitución forman parte de tal orden público, y no es necesario que ellos sean expresamente desarrollados en la Constitución, bastando su enunciación, tal como sucede con conceptos como la justicia, la libertad, la democracia y otros valores que forman el entramado constitucional, y en cierta forma, su razón de ser".*
[40] FERREIRA RUBIO, *op. cit.*, p. 277.

Vale la pena transcribir unas breves palabras que ha escrito la profesora española FERREIRA RUBIO[41] con respecto a la consagración expresa del principio general de la buena fe:

> *En el fundamento de todo ordenamiento jurídico aparece la referencia a la corrección y honestidad que es el pilar indispensable para lo concreción de relaciones de convivencia entre los seres humanos. La íntima conexión entre la buena fe y la esencia del Derecho justifica su omnipresencia. Se trata de una presencia que no siempre asumirá la misma fisionomía exterior; el revestimiento técnico legal variará en su grado de complejidad; unas veces será más fácil descubrir el principio, en ocasiones lo encontraremos directa y explícitamente recogido (...).*

A pesar de la ausencia de una consagración general expresa del principio general de la buena fe en nuestro ordenamiento jurídico,[42] es posible observar una serie de normas a través de las cuales se manifiesta dicho principio. Así pues, puede observarse el Artículo 1.160 del Código Civil, el cual regula expresamente la ejecución de buena fe de todos los contratos:[43]

---

[41] *Ibid.*

[42] A diferencia de lo ocurre en Colombia por ejemplo, donde el artículo 83 de la Constitución de la República de Colombia impone un deber general de actuar de buena fe a todos los particulares y autoridades públicas. En tal sentido, dicho artículo reza: *Las actuaciones de los particulares y de las autoridades públicas deberán ceñirse a los postulados de la buena fe, la cual se presumirá en todas las gestiones que aquellos adelanten ante éstas.*

[43] A partir de la entrada en vigencia de nuestro primer Código Civil de 1862

Los contratos deben ejecutarse de buena fe y obligan no solamente a cumplir lo expresado en ellos, sino a todas las consecuencias que se derivan de los mismos contratos, según la equidad, el uso o la ley.

La norma del artículo 1.160 impone la buena fe como un modo general de cumplimiento de los contratos, tanto en los casos que se trate de estipulaciones u obligaciones expresas como en los casos de estipulaciones u obligaciones tácitas. Dichas obligaciones, derivadas de la buena fe, tienen como fundamento el espíritu de lealtad y cooperación que debe estar presente en toda relación contractual. Tal como lo ha explicado el profesor RODRÍGUEZ MATOS,[44] la buena fe del artículo 1.160 abarca una serie de deberes dentro de los cuales se encuentra el deber de lealtad entre las partes durante la ejecución del contrato.

---

aparece la norma que hoy en día está contenida en el Artículo 1.160. A partir de la adopción de dicha norma ha quedado claro que en nuestro país no hay contratos de *estricti juris* y *bona fides* tal como existieron en Roma, sino más bien, todos los contratos son de buena fe. *Cfr.* DOMINICI, Aníbal, *Comentarios al Código Civil Venezolano: reformado en 1896*, Editorial Rea, Tomo II, Caracas, 1962, pp. 577-579; SANOJO, Luis, *Instituciones de derecho Civil Venezolano,* Imprenta Nacional, reimpresión de la 1era edición, Tomo III, Caracas, 1872, p. 37.

[44] RODRÍGUEZ MATOS, *op. cit.,* pp. 436 *et seq.* En virtud de dicho deber, la doctrina señala que las partes deben actuar con coherencia en sus relaciones contractuales. En base a este deber algunos autores han señalado que si una de las partes de una relación contractual genera en su contraparte una confianza legítima de una determinada conducta futura en base a su comportamiento anterior, entonces no podrá luego dicha parte actuar de manera incoherente sorprendiendo a su contraparte y defraudando esa confianza legítima que se había ido creando en virtud de un comportamiento previo.[44] Tal como se puede observar, la finalidad de esta norma es, entre otras, la protección de la confianza generada por un determinado sujeto en su contraparte contractual mediante la sanción de la deslealtad e incoherencia.

La existencia de este artículo junto con varios otros en los que se hace alusión a la buena fe -como son el artículo 1.185 del Código Civil (el cual impone un límite objetivo al ejercicio abusivo de un derecho); el artículo 1.148 del Código Civil (el cual establece la cognoscibilidad del error); el artículo 12 del Código de Procedimiento Civil (que regula la interpretación de los contratos de conformidad con el principio de la buena fe); el artículo 17 del Código de Procedimiento Civil (que establece un deber objetivo de comportamiento leal durante el desarrollo del proceso); el artículo 788 del Código Civil (referente a la posesión de buena fe)- no hacen más que reafirmar que en nuestro ordenamiento jurídico la buena fe es un auténtico principio de derecho, de aplicación general, expresado tan sólo en algunas normas legales.

Las distintas normas elaboradas por el legislador venezolano ponen de manifiesto la diversidad de situaciones reguladas por la buena fe. De hecho, es posible observar supuestos tan distintos que van desde la limitación al ejercicio abusivo de los derechos hasta la regulación de la posesión de buena fe. Esto reafirma la generalidad de la que goza el principio de la buena fe en nuestro país.

La falta de regulación expresa para todas los demás situaciones no incluidas en los supuestos de aplicación del principio de buena fe expresamente tipificados por el legislador venezolano, no significa que dichas situaciones no deban estar sujetas al principio general de buena fe. En tal sentido, pensamos que la buena fe, además de ser un principio general de derecho de aplicación legal por vía del artículo 4 del Código Civil, constituye en nuestro país una verdadera cláusula general abierta que cumple la función de llenar las inevitables lagunas del ordenamiento jurídico que obviamente no puede tipificar todos los supuestos posibles.

Habiendo dicho lo anterior, es oportuno pasar a examinar qué se ha entendido por "principio general del derecho" en la doctrina comparada. Esto nos ayudará a sustentar nuestra afirmación de que la buena fe es verdaderamente un principio general de derecho en Venezuela.

Al igual que ocurre con la noción de buena fe, no resulta tarea sencilla encontrar una definición única de los principios generales del derecho. En gran parte esto se debe a que su definición dependerá de la escuela de derecho o la posición filosófica de la que se parta. Inclusive, algunos autores han llegado a afirmar que: *"determinar qué deba entenderse por principios generales del derecho es una de las cuestiones más controvertidas en la literatura jurídica."*[45]

Mucho se ha debatido en la doctrina comparada acerca de la definición de los principios generales del derecho y cada escuela ha propuesto una definición particular. Sin embargo, podemos encontrar en prácticamente cualquier texto que hable sobre los principios generales del derecho dos posturas que prevalecen: una de

---

[45] GARCÍA MAYNEZ, Eduardo, *Introducción al estudio del derecho*, Editorial Porrua, México D.F., 1980, p. 370.

rasgo estrictamente *positivista* y otra de carácter netamente *iusnaturalista*.

Podemos tomar en calidad de ejemplo la clasificación tripartita de la que nos habla el profesor español ANTONIO ENRIQUE PÉREZ LUÑO con respecto a las diversas nociones bajo las cuales se ha abordado el tema de los principios generales del derecho. En dicha clasificación pueden notarse las diversas acepciones o dimensiones bajo las cuales pueden ser vistos los principios generales del derecho. Se habla sobre una primera acepción según la cual los principios generales del derecho actúan como *metanormas*. Es decir, se les atribuye un significado metodológico mediante el cual son entendidos como reglas orientadoras para el conocimiento, la interpretación y aplicación de las demás normas jurídicas. En segundo lugar, los principios generales del derecho pueden tener un sentido *ontológico*, como principios a los que remite expresamente el ordenamiento jurídico, por ejemplo cuando el artículo 4 del Código Civil se refiere a ellos. Por último, pueden también los principios generales del derecho entenderse desde su dimensión *axiológica*, es decir, como axiomas o postulados éticos que deben inspirar todo el ordenamiento jurídico.[46]

---

[46] Pérez Luño, Antonio-Enrique, *Los principios generales del derecho: ¿un mito jurídico?*, en: Revista de Estudios Políticos, Madrid, núm. 98, 1997, p. 16-18; En tal sentido, nos explica que el positivismo jurídico se ha inclinado por la afirmación de que los principios generales del derecho se inducen de del sistema jurídico, es decir acogen la posición de las *metanormas*. Por su parte, la escuela histórica observa los principios generales del derecho como la representación de las fuentes tradicionales generadoras del Derecho, es decir, siguen la corriente del sentido ontológico. Y, por último, las diversas posturas iusnaturalistas centran su atención en la concepción axiológica de los principios.

Algunos intentos de definición de los principios generales del derecho se resumen a continuación. En Venezuela, el RODRÍGUEZ MATOS ha dicho que los principios generales del derecho:

> *son valores jurídicos de la comunidad, es decir, los valores éticos jurídicos que la comunidad considera valiosos, el cual expresa una idea general, que se desprende de un conjunto de reglas ligadas entre sí por una relación lógica; el principio es la idea común que une a todas las reglas particulares.*[47]

Por su parte, el profesor MANUEL SIMÓN EGAÑA ha dicho:

> *Los principios generales del derecho están constituidos por los principios fundamentales de conducta que existen en la cultura del tiempo en que se vive y, en consecuencia, informan y orientan los ordenamientos jurídicos que van a regir la actividad de los integrantes de la colectividad.*[48]

En la doctrina comparada puede observarse la definición de los profesores DIEZ PICAZO y GULLÓN, según los cuales los principios generales del derecho:

> *(...) constituyen normas básicas reveladoras de las creencias y convicciones de la comunidad respecto de*

---

[47] RODRÍGUEZ MATOS, *op. cit.*, pp. 427-28.
[48] EGAÑA, Manuel Simón, *Notas de introducción al derecho*, Editorial Criterio, Tercera Reimpresión, Caracas, 1984, p. 167.

> *los problemas fundamentales de su organización y convivencia.*[49]

Por su parte, el maestro GARCÍA DE ENTERRÍA se refiere a los principios generales del derecho como aquellos que expresan:

> *(...) los valores básicos de un ordenamiento jurídico, aquellos sobre los cuales se constituyen como tal, las convicciones ético-jurídicas fundamentales de una comunidad.*[50]

Continúa diciendo:

> *Pero no se trata simplemente de unas vagas ideas o tendencias morales que puedan explicar el sentimiento de determinadas reglas, sino de principios técnicos, fruto de la experiencia de la vida jurídica y sólo a través de ella cognoscibles.*[51]

Adicionalmente, el profesor COVIELLO habla de los principios generales del derecho en los siguientes términos:

> *Son los fundamentales de la misma legislación positiva, que no se encuentran escritos en ninguna ley, pero que son los presupuestos lógicos necesarios de las distintas*

---

[49] DIEZ PICAZO, Luis y GULLÓN, Antonio, *op. cit.*, p. 156.
[50] GARCIA DE ENTERRÍA, Eduardo y FERNÁNDEZ, Tomás-Ramón, *Curso de derecho administrativo*, Civitas Ediciones, 12 edición, Tomo I, Madrid, 2004, pp. 85.
[51] *Ibid.*

normas legislativas, de las cuales en fuerza de la abstracción deben exclusivamente deducirse. Pueden ser de hecho principios racionales superiores, de ética social y también principios de derecho romano, y universalmente admitidos por la doctrina; pero tienen valor no porque son puramente racionales, éticos o de derecho romano y científico, sino porque han informado efectivamente el sistema positivo de nuestro derecho y llegado a ser de este modo principios de derecho positivo vigente.[52]

En el mismo orden de ideas el profesor FRANCESCO CARNELUTTI ha dicho:

Los principios generales del derecho no son algo que exista fuera, sino dentro del mismo derecho escrito, ya que derivan de las normas establecidas. Se encuentran dentro del derecho escrito como el alcohol dentro del vino: son el espíritu o la esencia de la ley.[53]

Adicionalmente, DEL VECCHIO ha asociado a los principios generales del derecho con las:

(...) verdades supremas del derecho in genere, o sea a aquellos elementos lógicos y éticos del derecho, que por

---

[52] COVIELLO, *Doctrina general del derecho civil*, p. 96, citado por GARCÍA MAYNEZ, *op. cit.*, p. 370.
[53] CARNELLUTI, Francesco, *Sistema di diritto processuale civile, I. Funzione e composizione del proceso*, Padova, 1963, p. 120.

ser racionales y humanos son virtualmente comunes a todos los pueblos.[54]

Por su parte, FERREIRA RUBIO ha definido a los principios generales del derecho como:

(...) guías, o ideas-fuerza con contenido normativo propio que recogen en forma esquemática las orientaciones fundamentales de la realidad específica de lo jurídico.[55]

Como última referencia, tomamos algunas palabras del Profesor LÓPEZ MESA cuando dice:

(...) los principios generales del Derecho son, en fin, aquellos fundamentos evidentes del Derecho, las bases inconmovibles del razonamiento jurídico; aquellos hitos que no pueden pasarse por alto al razonar jurídicamente.[56]

Independientemente del hecho que las definiciones transcritas anteriormente hayan sido elaboradas en base a criterios positivistas o iusnaturalistas, lo cierto es que, podemos encontrar algunos elementos en común que son suficientes para poder catalogar a la buena fe como un verdadero principio general de derecho. Vemos

---

[54] DEL VECCHIO, G., *Los principios generales del Derecho* (trad. De Ossorio Morales), ARA Editores, Perú, 2006, p. 40.
[55] FERREIRA RUBIO, *op. cit.,* p. 35.
[56] LÓPEZ MESA, Marcelo y ROGEL VIDE, Carlos, *La doctrina de los actos propios,* Editorial Reus, Madrid, 2005, p. 37.

entonces que los principios generales del derecho son aquellas normas básicas, principios de conducta o valores de una comunidad que enuncian o recogen, en una idea general, las convicciones y creencias que orientan el ordenamiento jurídico de esa comunidad.

La pregunta que surge es ¿Podría realmente la buena fe ser calificada como una de esas normas básicas de conducta que refleja ciertas y determinadas convicciones o creencias destinadas a orientar nuestro ordenamiento jurídico? En nuestra opinión, no cabe duda de que la buena fe es una de esas normas básicas de conducta que sirve como norma orientadora al ordenamiento jurídico venezolano. Tal como veíamos, existe en nuestra legislación una serie de normas (algunas de ellas mencionadas anteriormente) que recogen a la buena fe, bien sea como criterio de interpretación, como deber de conducta, como límite a derechos subjetivos, etc. Tal como decíamos, la existencia de estas disposiciones no hace más que confirmar la generalidad de la buena fe en nuestro país y poner en evidencia la convicción que deben tener todas las personas que están sujetas al ordenamiento jurídico venezolano de actuar de buena fe.

Hoy en día, la idea de tener que cumplir cualquier obligación o negocio jurídico de buena fe es algo que está completamente arraigado en nuestra cultura. No es posible concebir en nuestros tiempos el cumplimiento de mala fe de una obligación como algo ajustado a derecho. Podemos decir con seguridad que la buena fe constituye un valor jurídico o ético jurídico que nuestra sociedad considera decididamente valioso y que orienta nuestro ordenamiento jurídico.[57] Es precisamente esto lo que pone en evidencia que, hoy por hoy, la buena fe es un principio general de derecho en Venezuela que regula y aplica a absolutamente todas las relaciones jurídicas.

En adición a lo que hemos expuesto a lo largo de esta sección, vale la pena agregar que la buena fe además de constituir una idea general que expresa una verdadera norma básica, un principio de conducta y un valor de jurídico en Venezuela, cumple además con ciertos requisitos que la doctrina comparada le ha atribuido a los principios generales del derecho. Nos referimos a los requisitos de principalidad, generalidad y juridicidad enunciados por GARCÍA DE ENTERRÍA y MANS PUIGARNAU.[58]

En tal sentido, podemos decir que la buena fe cumple con el requisito de principalidad por cuanto sirve de base a una serie de corolarios que derivan de la misma. Cumple con el requisito de generalidad porque se trata de un principio de aplicación general cuya finalidad no es atender a casos particulares. Y, por último, cumple con el requisito de juridicidad en cuanto expresa una fórmula jurídica técnica. Si bien la noción de buena fe posee un componente ético y moral, no se trata en realidad de un mero enunciado que

---

[57] Es importante tener en consideración que el carácter de principio general de derecho no se lo da a una norma su formulación, ni el rango o categoría del texto que lo haya recogido, en caso de que se la haya recogido, sino más bien, quien dota de valor a los principios generales del derecho es precisamente la convicción social, que es quien los crea y quien en definitiva los mantiene; DIEZ PICAZO, Luis y GULLÓN, Antonio, *op. cit.*, p. 157.

[58] Nos referiremos a estos principios en la Sección VI.1 con ocasión a la determinación de la naturaleza de la regla del *venire*.

expresa un criterio moral, sino más bien, se trata de un principio capaz de establecer auténticas normas.⁵⁹

Finalmente, no debemos olvidar que en nuestro país los principios generales del derecho son fuente de derecho en base a lo establecido en el artículo 4 del Código Civil. De manera que, el principio de la buena fe constituye una verdadera norma y fuente del derecho en nuestro país, la cual cumple diversas funciones como por ejemplo: informar, fundamentar, orientar la interpretación y la integración del contrato así como limitar los derechos subjetivos.

A nuestro modo de ver las cosas, podemos sintetizar la cuestión de la siguiente forma: (i) la generalidad de la buena fe está evidenciada por las múltiples normas legales que la regulan; (ii) hoy en día existe un reconocimiento y convicción del deber de actuar de buena fe en Venezuela; y (iii) la juridicidad de la que goza la buena fe en nuestro país, hacen que en Venezuela se pueda hablar legítimamente de ella como un verdadero principio general de derecho bajo el cual deben regirse todas las situaciones jurídicas sometidas al ordenamiento jurídico venezolano.⁶⁰

---

⁵⁹ La profesora Ferreira Rubio explica, con acierto, que la buena fe debe ser entendida como un principio general de derecho y no como un mero estándar jurídico. Argumenta dicha autora que la buena fe goza de una normatividad de la cual carecen los estándares jurídicos. La normatividad es entendida en el sentido de la capacidad que tienen los principios generales de generar normas y de la cual carecen los estándares jurídicos. Además, pone de manifiesto Ferreira Rubio que los principios generales están presentes en forma expresa o implícita en todos los ordenamientos jurídicos, mientras que los estándares son elegidos arbitrariamente por el legislador de manera que no representan manifestación de valores jurídicos *Cfr.* FERREIRA RUBIO, *op. cit.*, p. 102.

⁶⁰ Como ejemplo del principio de buena fe aplicado a situaciones en las que éste

3. El Caso Particular De Los Contratos Internacionales y Los Principios UNIDROIT

Hoy en día, existen diversas normas de comercio internacional que prevén la aplicación de la doctrina de los actos propios.[61] Dichas normas parecieran dar a entender que los contratos mercantiles internacionales están sometidos a un régimen especial dentro del cual la aplicación de la doctrina de los actos propios está expresamente regulada.

Por su especial reconocimiento en Venezuela, haremos particular referencia a los Principios creados por el Instituto Internacional para la Unificación del Derecho Privado (UNIDROIT).

---

no está recogido expresamente puede verse como algunos autores han reconocido la aplicación del principio de la buena fe en la fase precontractual incluso cuando en nuestro país no existe una disposición legal expresa que obligue a las partes a actuar conforme a la buena fe durante la fase precontractual *Cfr.* MELICH ORSINI, *Doctrina...*, p. 423, quien ha dicho *"Lo cierto es que con la idea de 'buena fe' se hace alusión a un standard de conducta que debe presidir no solo la ejecución, sino la formación y la interpretación del contrato"*; RODRÍGUEZ MATOS, *op. cit.,* pp. 430-33; MADURO LUYANDO, Eloy y PITTIER SUCRE, Emilio, *Curso de Obligaciones. Derecho Civil III,* Universidad Católica Andrés Bello, T. I y II, Caracas, 1999, pp. 609 y 805; MORLES HERNÁNDEZ, Alfredo, *Curso de derecho mercantil,* Tomo IV, UCAB, Caracas, 2007, p. 2259. En cambio, en otros países la fundamentación del deber de buena fe durante la fase precontractual encuentra apoyo expreso del legislador, y por tanto una solución mucho más obvia que la que puede presentarse en Venezuela. Así pues, a título de ejemplo podemos ver que en Italia SACCO ha encontrado la aplicación de la doctrina de los actos propios en la fase precontractual en base al Artículo 1.337 del Código Civil italiano el cual prevé expresamente un deber de actuar conforme a la buena fe en las fases de las tratativas y de la formación del contrato *Cfr.* SACCO, Rodolfo, *Il fatto, látto, il negozio,* en: Trattato di diritto civile diretto da Rodolfo Sacco, UTET Giuridica, Turín, 2005, p .255.

[61] Podemos mencionar por ejemplo el Artículo 1.8 de los Principios creados por el Instituto Internacional para la Unificación del Derecho Privado (UNIDROIT); el numeral 2 del Artículo 29 de la Convención de las Naciones Unidas sobre los Contratos de Compraventa Internacional de Mercaderías de 1980; y al Artículo 2:106 de los Principios de Derecho Europeo de los Contratos.

En tal sentido, vemos como los Principios de UNIDROIT para los contratos mercantiles internacionales prevén expresamente la aplicación de la doctrina de los actos propios en su artículo 1.8 el cual reza:

ARTÍCULO 1.8

(Comportamiento contradictorio. Venire contra factum proprium)

Una parte no puede actuar en contradicción a un entendimiento que ella ha suscitado en su contraparte y conforme al cual esta última ha actuado razonablemente en consecuencia y en su desventaja.

Hoy por hoy, tanto la doctrina mayoritaria[62] como la jurisprudencia venezolana[63] han reconocido la aplicación de la *lex*

---

[62] PARRA ARANGUREN, Gonzalo, *Aspectos de derecho internacional privado en los principios para los contratos mercantiles internacionales elaborados por el UNIDROIT,* en: Gonzalo Parra Aranguren, Estudios de Derecho Mercantil Internacional, UCV, Caracas, 1998, p. 315 *et seq,* p. 328; MAEKELT, Tatiana, *aplicación práctica de los principios UNIDROIT en el sistema venezolano de derecho,* en: Carlos Febres Fajardo (Coordinador): El derecho internacional en tiempos de globalización, Libro homenaje a Carlos Febres Pobeda, Tomo I, ULA, Mérida, p. 204 *et seq,* 214; HERNÁNDEZ BRETÓN, Eugenio, *Propuesta de actualización de los sistemas latinoamericanos de contratación internacional,* en: Revista de la Fundación de la Procuraduría General de la República, No. 12, Fundación de la Procuraduría General de la República, Caracas, 1995, p. 25-26,; MADRID, Claudia, *La norma de Derecho Internacional Privado,* Universidad Central de Venezuela, Caracas, 2004, p. 17; OCHOA MUÑOZ, Javier, *Aplicación de la Lex Mercatoria, Artículo 31,* en: Tatiana B. de Maekelt, Ivette Esis Villarroel, Carla Resende (Coordinación), Ley de Derecho Internacional Privado Comentada, Universidad Central de Venezuela, Tomo II, Caracas, 2005, p. 810-11. De forma contraria se ha expresado GIRAL PIMENTEL, José Alfredo, *El Contrato Internacional,* Editorial Jurídica Venezolana, Caracas, 1999, p. 233.

[63] El máximo tribunal venezolano ha aplicado los Principios UNIDROIT en la solución de casos jurídicamente internacionalizados. Así sucedió en el famoso

mercatoria y en particular la aplicación de los principios UNIDROIT a los contratos mercantiles internacionales independientemente de que las partes hayan o no pactado su aplicación en el contrato. Se ha dicho que en virtud del Artículo 31 de la Ley de Derecho Internacional Privado, la *lex mercatoria* está dotada de una particular eficacia aún en el plano contencioso estatal puesto que es la propia legislación nacional la que le atribuye el fundamento de su aplicación.[64] Así pues, en un reciente trabajo la profesora Claudia Madrid ha dicho lo siguiente:

> *En segundo término, la aceptación que de la lex mercatoria se ha hecho tanto en la Convención de México como en la Ley de Derecho Internacional Privado venezolana, en el sentido de que el operador jurídico puede recurrir a alguno de sus componentes, "cuando corresponda" y "con la finalidad de realizar las exigencias impuestas por la justicia y la equidad en la solución del caso concreto" (Arts. 10 CIDACI y 31 LDIPV) no deja lugar a dudas en cuanto a su aplicación, incluso, cuando el Derecho competente para regular el contrato es el Derecho Venezolano.*[65]

---

caso de la sentencia *pepsi cola* en el cual el tribunal citó los principios UNIDROIT para precisar el carácter internacional del contrato relevante. Sentencia de la Corte Suprema de Justicia, Sala Político Administrativa, No. 605, 9 de octubre de 1997 en Revista de la Facultad de Ciencias Jurídicas y Políticas No. 109, Universidad Central de Venezuela, Caracas, 1998, p. 150 *et seq.*

[64] OCHOA MUÑOZ, *op. cit.*, p. 829.

[65] MADRID, Claudia, *Un contrato internacional sometido al derecho venezolano y la lex mercatoria,* en: Derecho de las Obligaciones (Coordinadora: Claudia Madrid) Homenaje a José Melich Orsini, Academia de Ciencias Políticas y

Por su parte, el profesor RODNER también ha admitido la aplicación de dichos principios al decir lo siguiente:

> *De lo cual, las normas en los principios de Unidroit se aplican, en el caso de Venezuela, a todos los contratos que tengan una naturaleza internacional, independientemente de que las partes hayan convenido en que se apliquen los Principios de Unidroit.*[66]

Sin la necesidad de entrar en la discusión de Derecho Internacional Privado para determinar los casos en que procede o no la aplicación de los Principios UNIDROIT (*i.e.* si es válida la aplicación de dichos Principios cuando las partes han escogido expresamente el derecho aplicable o si es posible elegir un derecho anacional para que sea aplicado a las relaciones contractuales), nos limitamos a decir que su aplicación a los contratos mercantiles internacionales ha sido ampliamente reconocida en Venezuela, sobre todo cuando las partes no han escogido el derecho aplicable al contrato.[67] De tal manera, podría llegar a concluirse que el fundamento de la doctrina de los actos propios para el supuesto de los contratos mercantiles internacionales es distinto al que se le puede atribuir a la regla del *venire* fuera de este ámbito.[68]

Sociales, Caracas, 2012, p. 362-63.
[66] RODNER, James, *Los principios de UNIDROIT su aplicación en Venezuela y en el arbitraje Comercial internacional*, en: Irene de Valera (Coordinadora), Arbitraje Comercial Interno e Internacional. Reflexiones teóricas y experiencias prácticas, Academia de Ciencias Políticas y Sociales, Caracas, 2005, p. 147-173, p. 166.
[67] MADRID, Claudia, *Un contrato internacional...*, p. 358.
[68] Podemos asimilar esta situación a lo que ocurre con la aplicación de la Teoría de

En tal sentido, en los casos de aplicación de los Principios UNIDROIT la regla del *venire contra factum proprium* podría ser considerada al menos como un auténtico principio general de derecho de conformidad con la opinión de quienes piensan que los Principios UNIDROIT se integran y forman parte del ordenamiento jurídico venezolano como principios generales del derecho. Más allá de esto, la regla del *venire* pareciera adquirir aún mayor relevancia en los casos en que las partes no han escogido un derecho estatal sino que han elegido los Principios UNIDROIT para regular el contrato.[69] En dicho caso, los Principios UNIDROIT y por consiguiente la máxima *venire contra factum* podría ser aplicada como la auténtica ley del contrato.

Teniendo en cuenta lo anterior, pareciera que en Venezuela la regla del *venire* adquiere una relevancia particular o al menos un fundamento más claro en los supuestos de contratación internacional. En el plano internacional la regla del *venire* ya no pasaría a ser una mera regla de carácter residual derivada del principio general de la buena fe, sino más bien, pasaría a ser un auténtico principio cuya aplicación pareciera ser la regla[70] (la *lex*

---

la Imprevisión a los contratos mercantiles internacionales en Venezuela por vía de los Principios UNIDROIT *Vid.* RODNER, James, *El Dinero*, 2da edición, Academia de Ciencias Políticas y Sociales, Caracas, 2005, p. 708.

[69] La posibilidad de escoger la *lex mercatoria* en contratos internacionales en los que no se ha elegido un derecho estatal ha sido reconocida por el profesor Hernández Bretón en HERNÁNDEZ BRETÓN, Eugenio, *op. cit.,* p. 25-26.

[70] En tal sentido, Ochoa citando a Viso ha dicho que: el artículo 31 de la LDIPV "obliga al juez a aplicar de oficio la *lex mercatoria,* entendiendo respecto de este sistema de normas, el principio contenido en el artículo 60 de la LDIPV que contempla la aplicación de oficio del derecho extranjero declarado compétete por la norma de conflicto."; OCHOA MUÑOZ, *op. cit.,* p. 813-14.p. 810.

mercatoria se podrá aplicar como complemento de la letra del contrato, como elemento interpretativo de la *lex contractus* o como fuente supranacional que prive sobre lo establecido por las partes en el contrato). En principio, ha de entenderse que la *lex mercatoria* actúa como un complemento de la *lex contractus,* sin embargo, cuando las *exigencias impuestas por la justicia y la equidad en la solución del caso concreto* así lo ameriten, la *lex mercatoria* podrá prevalecer sobre la ley estatal.[71]

Así pues, algunos han llegado a afirmar que la norma del artículo 31 de la LDIPV:

> *(...) prevé la posibilidad de darle preferencia a la lex mercatoria sobre la legislación estatal aplicable al contrato, cuando la obsolescencia de ésta última lo amerite, en resguardo a la justicia. En otras palabras, las soluciones de la lex mercatoria prevalecerán sobre la lex contractus cuando así lo dispongan los requerimientos de la justicia y la equidad del caso concreto.*[72]

Habiendo concluido estas consideraciones en torno al fundamento de la regla que nos ocupa, pasaremos de inmediato a ocuparnos específicamente sobre la noción de la buena fe que, como hemos visto, sirve de fundamento a la regla del *venire.*

---

[71] OCHOA MUÑOZ, *op. cit.*, p. 813-14.
[72] *Ibid.*

V. NOCIÓN DE BUENA FE

El principio general de la buena fe sirve de fundamento para diversas instituciones tal como la regla *venire contra factum proprium non valet*. Es posible observar que hoy en día existe consenso general en la doctrina según el cual el fundamento de la prohibición de contradecir la propia conducta deviene directamente del principio de la buena fe.[73] Esta razón y el estrecho vínculo que existe entre la regla del *venire* y el principio de la buena fe, nos obligan a detenernos en la noción del principio general de la buena fe.

Tal como decíamos anteriormente, tratar de definir lo que es la buena fe constituye una tarea de suprema dificultad. Podemos ver como prácticamente todos los autores que han lidiado con este concepto están de acuerdo con esta premisa. Inclusive, hay quienes han dicho que la buena fe es un término que escapa a las definiciones.[74]

Como si esto fuera poco, el hecho de que la buena fe no es un concepto unívoco sino que se trata de un término que posee múltiples acepciones no ayuda a esclarecer las dudas en torno al mismo. Es quizás ésta la razón por la cual el catedrático JOSÉ LUIS DE LOS MOZOS una vez dijo: *"La ciencia del derecho, como ciencia*

---

[73] *Supra* nota 29.
[74] JALUZOT, Beatrice, *La bonne foi dans les contrats: Etude comparative de droit francais, allemand et japonais*, Dalloz, Paris, 2001, p. 79; En sentido similar VON THUR advertía: "No creemos que sea posible dar una definición precisa de buena fe (...)", citado por EKDAHL ESCOBAR, *op. cit.*, p. 60.

práctica, no necesita, dogmáticamente, de un concepto general de la buena fe, porque este principio no es unívoco sino análogo, prestándose a la técnica interpretativa con significados diversos, tanto en cuanto a su forma (...) como respecto a su contenido (...), según las aplicaciones que del mismo hace el derecho positivo."[75] Además, es posible apreciar en algunas exposiciones, tanto en la jurisprudencia como en la doctrina comparada, la existencia de una confusión entre la noción de la buena fe y el principio general de la buena fe.[76]

Lo cierto es que hoy por hoy podemos afirmar que existe consenso en la doctrina comparada sobre el hecho de que la buena fe y el principio general de buena fe no son la misma cosa. En efecto DIEZ PICAZO ha señalado que la *buena fe a secas es un concepto técnico-jurídico que se inserta en la multiplicidad de normas jurídicas para describir un supuesto de hecho. Otra cosa distinta es el principio general de buena fe, donde la buena fe no es ya un puro elemento de un supuesto de hecho normativo, sino que engendra una norma jurídica completa, que, además, se eleva a la categoría o al rango de un principio general del Derecho: todas las personas,*

---

[75] DE LOS MOZOS, José Luis, *El principio de la buena fe,* Bosch, Barcelona, 1965, p. 7.
[76] Digamos que en términos resumidos la llamada buena fe —como concepto- se refiere a la convicción de actuar conforme a derecho. Por el contrario, el principio general de la buena fe no es más que una norma o imperativo de conducta que impone el deber de actuar de forma leal, honesta, correcta y diligente y que además no puede ser ignorado por las personas sujetas al mismo. Tal como veremos, la noción de buena fe pareciera haberse equiparado al concepto de buena fe en sentido subjetivo, mientras que el principio general de buena fe pareciera haberse equiparado al concepto de buena fe en sentido objetivo.

todos los miembros de una comunidad jurídica deben comportarse de buena fe en sus recíprocas relaciones.[77]

Existen innumerables intentos de definición de la "buena fe" por parte de la doctrina comparada. Conseguir una concepción unitaria de este término no resulta tarea sencilla,[78] sobre todo si se tiene en cuenta la concepción bipartita[79] de este concepto acogida por la doctrina clásica, según la cual, dentro de la noción de buena fe debe distinguirse entre la buena fe subjetiva y la buena fe objetiva.[80]

---

[77] DIEZ PICAZO, en el prólogo a la obra de WIEACKER, Franz, *El principio general de la buena fe*, (traducido por: José Luis Carro), Editorial Civitas, Madrid, 1977, PP. 11-12.

[78] Es posible observar las críticas que algunos autores han hecho a los intentos de unificación de este término *Cfr.* GIAMPICCOLO, Giorgio, *Studi sulla buona fede*, Giuffrè, Milán, 1975, p. 79; BRECCIA, Umberto, *Diligenza e buona fede nell'attuazione del rapporto obbligatorio*, Giuffrè, 1968, p. 4.

[79] Incluso, hay quienes sostuvieron en su momento una clasificación tripartita al crear una categoría autónoma para aquellas situaciones de buena fe subjetiva que proceden de la apariencia jurídica *Cfr.* GORPHE, François, *Le príncipe de la bonne foi*, Dalloz, Paris, p. 239.

[80] En Italia *Cfr.* BRECCIA, *op. cit.*, pp. 3-15; NATOLI, Ugo, *Note preliminari ad una teoría dell' abuso del diritto nell' ordinamento giuridico italiano*, en: Rivista Trimestrale di Diritto e Procedura Civile, 1958, pp. 27-8; GALOPPINI, Annamaria, *Appunti sulla rilevanza della regola di buona fede in materia di responsabilitá extracontrattuale*, en: Rivista Trimestrale di Diritto e Procedura Civile, 1965, p. 1398; SCOGNAMIGLIO, Renato, *Dei Contratti in Generale*, en: Commentario del Codice Civile de Scialoja y Branca (art. 1321-1352), Bolonia-Roma, 1970, pp. 203-04; BUSNELLI, Francesco, *Buona fede in senso soggettivo e responsabilitá per fatto "in giusto"*, en: Rivista di Diritto Civile, 1969, pp. 430-32; MESSINEO, Francesco, *Il contratto in genere*, Vol. I, Milán, Giuffré, 1973, p. 361; En Francia *Cfr.* GHESTIN, Jaques, *Le contrat*, T. II (Traité de Droit Civil dirigido por Ghestin), L.G.D.J., Paris, 1980, p. 186; En Venezuela *Cfr.* LUPINI BIANCHI, Luciano, *La responsabilidad precontractual en Venezuela*, en: Revista del Colegio de Abogados del Distrito Federal, No. 149, Tercera Etapa, Caracas, 1991, p. 39; RODRÍGUEZ MATOS, *op. cit.*, p. 420 *et seq;* MELICH ORSINI, José, *Los tratos y negociaciones dirigidos a la posible formación de un contrato*, en: Derecho de obligaciones en el nuevo milenio, Academia de Ciencias Políticas y Sociales, Caracas, 2007, p. 84; ANZOLA, Eloy, *El deber de buena fe en los contratos: ¿puede el franquiciante competir con su franquiciado?*, en: VVAA, El

Apartando la distinción mencionada en última instancia y a la cual nos referiremos en las próximas líneas, podemos decir que el principio general de la buena fe ha sido entendido por algunos como una *regla de conducta que exige a las personas de derecho una lealtad y una honestidad que excluya toda intención maliciosa. Es una norma de comportamiento que debería ser aplicada in-abstracto; es una buena fe-lealtad que el derecho positivo impone en las relaciones contractuales y extracontractuales.*[81] Otros han adoptado una postura distinta al decir que: *"El principio de la buena fe significa que cada uno debe guardar fidelidad a la palabra dada y no defraudar la confianza o abusar de ella. Supone el conducirse como cabría de esperar de cuantos, con pensamiento honrado, intervienen en el tráfico".*[82] No han faltado quienes han criticado este tipo de definición por considerarla como una expresión de la concepción objetiva de la buena fe.[83] En definitiva, podemos decir

---

Código Civil venezolano en los inicios del siglo XXI, Academia de Ciencias Políticas y Sociales, Caracas, 2005, p. 351; MORLES HERNÁNDEZ, Alfredo, *op. cit.*, p. 2259; ANNICCHIARICO José y MADRID, Claudia, *El Derecho de los Contratos en Venezuela: hacia los principios latinoamericanos de derecho de los contratos,* en: Derecho de las Obligaciones (Coordinadora: Claudia Madrid) Homenaje a José Melich Orsini, Academia de Ciencias Políticas y Sociales, p. 22.

[81] LOUSSOUARN, Ivon, *La buena,* en: Tratado de la Buena fe en el derecho, La Ley, Argentina, T. II. 2005, p. 9.

[82] SANTOS BRIZ, Jaime, *Tendencias modernas del derecho de obligaciones,* en: Revista de Derecho Privado Español, Tomo XLIV, Barcelona, 1960, p. 566.

[83] Téngase en cuenta que la definición que tomamos de SANTOS BRIZ pareciera hacer alusión particular a la buena fe objetiva como principio general del derecho. La misma posición parece haber sido adoptada por Diez Picazo al definir la buena fe DIEZ PICAZO, *op. cit.,* pp. 134 *et seq;* y EKDAHL ESCOBAR, *op. cit.,* pp. 67 *et seq.* A nuestro modo de ver las cosas, el principio de la buena fe no abarca solamente la acepción objetiva de ésta sino también el aspecto subjetivo que ha sido desarrollado por la doctrina y que no puede reconocérsele menos importancia. En este sentido, coincidimos con una autora española quien ha dicho: "Diez Picazo distingue la <idea de buena fe>, de la que afirma es <un concepto técnico-jurídico

que el principio general de la buena fe equivale al imperativo que tienen todos los individuos de actuar de forma coherente, leal y honesta en todas sus relaciones jurídicas.

Esta es una de las razones por las cuales, estando conscientes de la dualidad clásica a la que hacíamos mención, algunos autores han sostenido la necesidad de establecer una definición unitaria de ésta. Entre ellos, podemos incluir a HERNÁNDEZ GIL, quien ha dicho:

> *Buscando el eje de la unidad de la buena fe, llega Hernández Gil a la conclusión de que ese elemento es la normatividad esencial presente en todas y cada una de las aplicaciones de la buena fe. Siempre la buena fe encarna una <pauta de comportamiento de la moral*

---

que se inserta en una multiplicidad de normas jurídicas para describir o delimitar un supuesto de hecho>; y por otro lado, analiza <el principio general de buena fe>, que <no es ya un puro elemento de un supuesto de hecho normativo, sino que engendra una norma jurídica completa>. Nosotros pensamos que esta clasificación que, con variación terminológica, equivale a la clásica distinción entre buena fe subjetiva y objetiva, adolece del defecto de circunscribir el <principio general> a la significación de buena fe objetiva; aceptemos o no la posibilidad de unificar los tipos de buena fe en un concepto unitario, debemos reconocer, sin embargo, que la <idea de buena fe> no es ajena al <principio> de buena fe; se trata, en última instancia, de un corolario del principio, pero no una realidad extraña al mismo." Cfr. FERREIRA RUBIO, Delia Matilde, *La buena fe: el principio general en el derecho civil*, Editorial Montecorvo, S.A., Madrid, 1984, p. 89; En Venezuela, Fernando Guerrero Briceño pareciera inferir algo similar cuando dice: *Es conveniente puntualizar que las expresiones buena fe subjetiva y buena fe objetiva no representa las clases de Buena Fe, sino una manera de estudiar con más precisión sus efectos, los cuales siempre se mostrarán circularmente, interrelacionados y generándose los unos con los otros*. GUERRERO BRICEÑO, *op. cit.*, p. 124. Algunos autores parecieran sostener una posición contraria *Vid.* DE LA PUENTE Y LAVALLE, *La fuerza de la buena fe*, en: Contratación contemporánea, Teoría general y principios, Palestra Editores. Lima, 2000. Pág. 277.

social>. En efecto, <norma hay siempre> y ello es así, a nuestro juicio, porque la buena fe es un principio general y como tal tiene carga normativa directa y refleja o de desarrollo.

Si procedemos a identificar <objetividad> con normatividad, veremos que toda buena fe es objetiva en el sentido que representa una pauta de conducta, una directriz para el comportamiento y la acción. ¿Qué es para nosotros, entonces, la llamada buena fe <subjetiva>? Es la consideración de un comportamiento concreto a la luz del comportamiento exigido in abstracto por la buena fe llamada <objetiva>. Dice Hernández Gil que la <pretendida buena fe subjetiva se refiere al hecho o al acto de comportamiento de una persona; pero no es otra buena fe, sino la encarnación de la misma globalmente considerada, en la actitud, el acto o la conducta desplegada. ¿En qué consiste subjetividad? En la consideración de la conducta concreta y efectiva de un sujeto determinado, en el referir el contenido normativo general de la buena fe al comportamiento de una persona.[84]

Lo cierto es que, independientemente de la existencia de una concepción unitaria de la buena fe, ésta constituye un principio

---

[84] FERREIRA RUBIO, *op. cit.*, p. 94.

general de derecho que abarca tanto la noción objetiva[85] como la subjetiva.

Proporcionar una definición de la buena fe como principio general de derecho escapa del objeto de este trabajo. Por lo tanto, nos limitaremos a decir que la mayoría de los intentos de definición de buena fe tienen la particularidad de reconocer un deber de lealtad, honestidad, cooperación y el respeto a la confianza generada en la contraparte.

Habiendo dejado por sentado que el principio general de la buena fe abarca ambas expresiones de la distinción bipartita clásica de la buena fe, es preciso que hagamos referencia a las mismas. Dicha distinción ha sido suficientemente explicada por nuestra doctrina y es fundamental para este trabajo en vista de que la acepción objetiva de la buena fe es la expresión que sirve de fundamento para la doctrina de los actos propios.

4. Buena Fe Subjetiva

Tal como hemos anticipado, la evolución del término de la buena fe ha llevado a la doctrina a distinguir entre dos acepciones o significados, el subjetivo y el objetivo.

La primera acepción se refiere al estado psicológico bajo el cual un sujeto actúa bajo la certeza de que su actuación está ajustada

---

[85] Tal como veremos en la sección V.B cuando hagamos referencia a la noción de la buena fe y en particular a la buena fe objetiva, es ésta última acepción de la buena fe la que sirve de fundamento a la doctrina de los actos propios.

a la ley. En este sentido LUPINI BIANCHI señala que se habla de buena fe subjetiva cuando una persona actúa bajo la "concreta convicción de que tiene un sujeto de obrar bien o conforme a derecho."[86] Se ha dicho que el punto de partida de esta concepción es la creencia del hombre honrado que aprecia erróneamente una situación.[87] Básicamente, la buena fe subjetiva protege las situaciones en las que un individuo actúa bajo la falsa creencia de actuar conforme a derecho por efecto de un error excusable, es decir, es vista como un estado de ignorancia acerca de una cuestión de hecho.[88]

5. Buena Fe Objetiva Como Verdadero Fundamento de la Doctrina de los Actos Propios

Por otro lado, la buena fe objetiva ha sido entendida ya no como un estado psicológico de la persona sino como una verdadera norma de conducta que no puede ser ignorada. Así pues, según LUPINI BIANCHI *se refiere a un modo de proceder, a la expresión de un comportamiento honesto, leal, correcto.*[89] Por su parte, citando al autor Francés GERARD CORNU, el profesor RODRIGUEZ MATOS ha dicho que la buena fe objetiva es el comportamiento leal y honesto

---

[86] LUPINI BIANCHI, Luciano, *op. cit.,* p. 39; El autor se ha expresado en los mismo términos en LUPINI BIANCHI, Luciano, *Notas sobre la teoría de la imprevisión en derecho civil,* en: Homenaje a Aníbal Dominici, Ediciones Liber, 2008, p. 301.
[87] EKDAHL ESCOBAR, *op. cit.,* p. 62.
[88] Algunos ejemplos de normas que se refieren a la concepción subjetiva de la buena fe *Cfr.* LUPINI BIANCHI, *La responsabilidad precontractual....,* p. 39, nota 80.
[89] *Ibid.*

en la ejecución de las obligaciones.⁹⁰ Vemos como bajo ésta última acepción, la buena fe se refiere a un nivel de honradez, lealtad y rectitud que se exige a las partes en la ejecución de sus obligaciones.

Tal como veíamos, esta acepción de la buena fe es la que algunos autores han equiparado con el principio general de la buena fe. La buena fe objetiva es particularmente relevante para nuestro estudio, ya que, de acuerdo a los parámetros que ésta fija, el proceder de un individuo debe ser coherente, leal y honesto, en consecuencia la conducta posterior de éste no debe estar en contradicción con su conducta inicial, especialmente cuando ello perjudica a su contraparte, de lo contrario, se estaría incurriendo en una deslealtad, una falta de honradez y de rectitud en su relación jurídica que contravendría el deber de proceder lealmente.⁹¹ Además de esto, la confianza generada por un determinado individuo *pertenece al ámbito del comportamiento, es expectativa, optimismo y cooperación; se relaciona con lo ético y es uno de los componentes de la llamada Buena Fe Objetiva.* ⁹²

Es importante para nuestro estudio comprender que la conducta relevante y eficaz que contraría una conducta anterior

---

⁹⁰ RODRÍGUEZ MATOS, *op. cit.*, p. 421.
⁹¹ PARDO DE CARVALLO, *op. cit.*, p. 55.
⁹² Con respecto a la confianza, explica Guerrero Briceño que ésta: *Versa, primordialmente, acerca de la normalización de las acciones o conductas de las personas, de las cuales el sujeto con-fe o con-fiado, puede predecir respuestas con regularidad y fijeza, de manera de hacer conjeturas acerca del comportamiento de otros individuos, es decir, establecer para sí un sistema normativo-regulatorio particular, bajo el paradigma del bonus pater familias y los usos del tráfico, generando la diligencia promotora para el cumplimiento;* Vid. GUERRERO BRICEÑO, *op. cit.*, p. 124.

constituye una violación del deber impuesto por la buena fe objetiva de proceder de forma leal y coherente. No puede por el contrario reputarse que el actuar contradictorio es una violación de la buena fe entendida subjetivamente, pues, su función es más bien proteger al sujeto que actúa bajo la convicción de que su conducta se ajusta a derecho.

La buena fe en sentido objetivo es apreciada netamente en base a criterios objetivos que determinan si una determinada conducta que ha sido exteriorizada se ajusta a dichos criterios. En contraste, la buena fe subjetiva evalúa el estado psicológico de una persona mas no si la conducta del sujeto es o no contraria a la buena fe. Resulta lógico que la apreciación de la violación de la regla del *venire* debe ser hecha en base a elementos objetivos y no subjetivos. Decimos esto, entre otras cosas, porque bajo la acepción subjetiva de la buena fe pareciera que una persona podría contrariar una conducta anterior bajo la creencia de que está actuando conforme a derecho y no ser sancionada, puesto que, técnicamente hablando no habría violación de la buena fe. Pero además de esto, debe tenerse en cuenta que la persona que exige el comportamiento coherente lo hace necesariamente en base a unos parámetros objetivos (lealtad, coherencia) que sólo puede exigir la buena fe objetiva.

En este sentido, es pertinente transcribir las acertadas palabras de una profesora de la universidad del Externado de Colombia, mediante las cuales pone de manifiesto el grave error en el que incurren quienes pretenden emplear la concepción subjetiva de la buena fe como fundamento de la doctrina de los actos propios. Así pues, MARTHA LUCÍA NEME VILLARREAL ha dicho que:

> *(...) la conducta contradictoria no puede ser valorada en términos de una buena fe subjetiva, esto es, como un estado de conciencia de estar obrando conforme a buena fe, pues a pesar de que tal conciencia existiera ella resulta irrelevante frente a la contraparte, para quien la buena fe concede el derecho de exigir un deber objetivo de comportamiento (...).*[93]

Más adelante continúa diciendo:

> *La presencia de la regla venire contra factum proprium non valet se manifiesta como fuertemente cargada de deberes de comportamiento para la parte que pretende hacer valer el comportamiento incoherente, pero su fuerza se evidencia en el respeto a la confianza legítima adquirida por la contraparte; tal conformación de la regla puede llegar a generar la equívoca idea de que estamos en presencia de una buena fe subjetiva; en verdad, a nuestro juicio, se trata de una buena fe objetiva que en nada tiene que ver con la condición psicológica de mera creencia de la buena*

---

[93] NEME VILLARREAL, NEME VILLARREAL, Martha, *Buena fe subjetiva y buena fe objetiva. Equívocos a los que conduce la falta de claridad en la distinción de tales conceptos,* en: Revista de Derecho Privado, Departamento De Publicaciones Universidad Externado De Colombia, No. 17, 2009, p. 67.

> *fe subjetiva, comoquiera que la buena fe de quien exige el respeto a dicha confianza se sustenta en hechos completamente objetivos, los propios actos de la contraparte que tienen la virtud de crear una confianza "legítima" en quien alega la regla, dado su carácter de manifestaciones externas, claras, acordes con la buena fe y suficientemente significativas en relación con la posibilidad real de generar una tal confianza.*[94]

La finalidad de la acepción subjetiva de la buena fe no es establecer un deber de conducta sino más bien regular otro tipo de situaciones como por ejemplo: la posesión de buena fe (Art. 788 Código Civil) o la posesión como título en materia de bienes muebles (Art. 794 Código Civil).

La buena fe en su acepción subjetiva no impone ningún tipo de deber jurídico "objetivo" sino más bien comporta la creencia de no estar lesionando un interés ajeno tutelado por el derecho. Así pues, si tomáramos este último criterio para tratar de fundamentar la doctrina de los actos propios llegaríamos a la conclusión lógica de que una persona podría actuar en contra de su propia conducta y no ser sancionada sobre la base de que su conducta se ha fundado en la firme convicción de no haberle causado un daño al otro o bajo la firme convicción de no haber actuado de mala fe. Ciertamente, esta no es la finalidad de la regla que nos ocupa. Por el contrario, el

---

[94] NEME VILLAREAL, *op. cit.*, p. 69.

propósito de esta regla del *venire* es precisamente sancionar la defraudación de la confianza a través de una conducta contradictoria apreciada en base a criterios meramente objetivos sin importar cuál ha sido la intención del autor de la conducta.

Por las razones antes expuestas no vacilamos en decir que la buena fe en sentido subjetivo no puede servir de fundamento para la doctrina de los actos propios. De manera que, no compartimos la opinión de quienes han dicho que la doctrina de los actos propios cabe dentro de la concepción subjetiva de la buena fe. En tal sentido, se ha expresado el jurista peruano MANUEL DE LA PUENTE Y LAVALLE:

> *Dentro de la concepción subjetiva de la buena fe cabe perfectamente la doctrina de los actos propios, pues quien ha tenido una conducta anterior jurídicamente relevante y eficaz debe, por un lado, adecuar su conducta posterior a la observada anteriormente y, por otro lado, crea en la contraparte la confianza de que continuará conduciéndose de la misma manera, salvo que las circunstancias cambien.*[95]

De esta opinión pareciera que el autor transcrito parte de la base de que la confianza que genera un individuo en su contraparte puede servir de fundamento para decir que estamos en presencia de

---

[95] DE LA PUENTE LAVALLE, Manuel, *La doctrina de los actos propios,* en: Estudios de Derecho Civil Obligaciones y Contratos: Libro Homenaje a Fernando Hinestrosa, Tomo I, Universidad Externado de Colombia, Bogotá, 2003, p. 357.

una buena fe subjetiva, por cuanto dicha confianza se traduce en una creencia subjetiva sobre una situación de hecho particular.

Sin embargo, en nuestra opinión esta forma de pensar no es correcta por una razón muy sencilla. Si bien es cierto que la protección de la confianza, en amparo del principio general de la buena fe, es uno de los elementos que sirven para fundamentar a la doctrina bajo estudio, lo cierto es que, la buena fe que se exige como protección de dicha confianza se sustenta en hechos completamente objetivos *i.e.* en un deber de conducta objetivo. Lo anterior pone de manifiesto que la buena fe objetiva puede manifestarse algunas veces de manera activa al imponer deberes a las partes y otras veces de manera pasiva cuando tutela la confianza creada en una de las partes en que su contraparte ajustará su conducta a las exigencias de la buena fe.[96]

Si entendemos a la buena fe objetiva como deber de conducta mientras que a la buena fe subjetiva como mera creencia de estar obrando correctamente, cuando se habla del deber de respetar la confianza generada en la contraparte resulta evidente que la confianza es consecuencia de un deber objetivo, el deber de coherencia, que se traduce en deber de preservar la confianza suscitada con las propias actuaciones u omisiones.[97] Es por esto que no podemos estar de acuerdo con la opinión transcrita en última instancia.

---

[96] En este sentido se ha pronunciado NEME VILLARREAL, *op. cit.,* p. 69.
[97] NEME VILLAREAL, *op. cit.,* p. 67.

A pesar de esta última discrepancia, es posible observar una tendencia mayoritaria que se inclina a favor de la noción de la buena fe objetiva como fundamento de la doctrina de los actos propios.[98] Por ejemplo, la profesora PARDO DE CARVALLO ha dicho:

> *(...), no es menos cierto que no nos repugna la idea de aceptar que el proceder de un individuo debe ser necesariamente coherente y por ende no debe estar en contradicción con su anterior conducta, pues ello constituiría una deslealtad, una falta de honradez y de rectitud en sus relaciones jurídicas, que contravendría el deber de proceder lealmente. Es decir, estaríamos en presencia de un comportamiento contrario a la buena fe objetiva.[99]*

Por su parte, el autor argentino ALEJANDRO BORDA ha dicho:

> *La teoría de los actos propios, de acuerdo con Enneccerus y Nipperdey, sanciona como inadmisible la conducta contradictoria interpretada objetivamente. Por ello, se puede afirmar que es la llamada buena fe "objetiva" la que se ve afectada por esa conducta incoherente.[100]*

---

[98] DIEZ PICAZO, *op. cit.*, p.209-10; EKDAHL ESCOBAR, *op. cit.*, p. 64; NEME VILLAREAL, *op. cit.*, p. 69.
[99] PARDO DE CARVALLO, *op. cit.*, p. 55.
[100] BORDA, Alejandro, *La teoría de los actos propios: un análisis desde la doctrina argentina*, Disponible en internet en: http://reigadaborda.com.ar/EN/publications/alejandro_borda/Teoria-Actos-Propios-para-Chile.pdf.

Vistas estas breves consideraciones acerca de la buena fe y su relación inmediata con la doctrina de los actos propios, pasaremos de inmediato a hablar sobre la naturaleza que podría atribuirse a ésta última en Venezuela.

VI. NATURALEZA

Todo estudio minucioso sobre una institución jurídica obliga a detenerse, así sea brevemente, a indagar sobre cuál es la naturaleza de la misma. Esto es precisamente lo que haremos en las siguientes líneas.

Antes de adentrarnos en el fondo es oportuno formular algunas preguntas ¿Cuál es la naturaleza del la regla del *venire?* ¿Qué valor tiene dicha regla en el campo del derecho? ¿Es ésta un auténtico principio general del derecho o simplemente una regla de derecho? Podemos observar inmediatamente que no hay consenso en la doctrina comparada con respecto a algunas de estas interrogantes.

En tal sentido, es posible observar como el Tribunal Supremo español al igual que el argentino han calificado la regla del *venire* como un auténtico principio general de derecho. La misma línea de pensamiento ha sido seguida por diversos autores calificados.[101] En contraposición, algunos autores piensan que la doctrina de los actos propios puede ser calificada como una auténtica regla de derecho,

---

[101] LOPEZ MESA, *op. cit.*, p. 74; GARCÍA DE ENTERRÍA, Eduardo, *La doctrina de los actos propios y el sistema de lesividad,* en: Revista de Administración Pública, No. 20, Madrid, 1956, pp. 71-72; FUEYO LANERI, *op. cit.*, p. 319; EKDAHL ESCOBAR, *op. cit.*, 26.

mas no como un principio general de derecho.[102] Por último, existe incluso quienes han llegado a sostener que la doctrina de los actos propios puede ser calificada como: una norma de derecho, una doctrina[103] o simplemente un estándar de derecho.[104]

1. Como Principio General

Tal como hemos adelantado, un gran número de sentencias de tribunales de distintos países al igual que un significativo grupo de autores han insistido en que la doctrina de los actos propios es un verdadero principio general de derecho.[105] Sin embargo, resulta

---

[102] CASTILLO FREYRE, Mario y SABROSO MINAYA, Rita, *La teoría de los actos propios ¿regla o principio de derecho?* En: Revista de Derecho del Perú No. 94, Lima, diciembre de 2008, p. 359; DIEZ PICAZO, *op. cit.*, pp. 126; BORDA, *La teoría de los actos propios*, Abeledo Perrot, Buenos Aires, 2000, p. 56; BERNAL FANDIÑO, Mariana, *La doctrina de los actos propios y la interpretación del contrato,* Vniversitas, núm. 120, enero-junio, 2010, pp. 258 Disponible en Internet: http://www.redalyc.org/src/inicio/ArtPdfRed.jsp?iCve=82519016011. ISSN 0041-9060.
[103] *Véase* DIEZ PICAZO, *op. cit.,* pp. 132 *et seq;* PARDO DE CARVALLO, *op. cit.,* pp. 54-55.
[104] PIAGGI, Ana, *op. cit.*, p. 111.
[105] Así pues en Colombia puede verse como la Corte Constitucional así lo ha reconocido en Sentencia de la Corte Constitucional T-075 del 2008, Magistrado Ponente Manuel José Espinosa citada por BERNAL FANDIÑO, *op. cit.,* 258; Puede verse también como los tribunales argentinos también han hecho referencia a esta regla como un principio general del derecho *Cfr.* LÓPEZ MESA, *op. cit.,* 74; Así parece también haberlo reconocido una sentencia de un tribunal superior venezolano sin haber dado explicación alguna *Cfr.* Sentencia del Juzgado Tercero de Primera Instancia en lo Civil, Mercantil y del Tránsito de la Circunscripción Judicial del Estado Lara del 19 de octubre de 2006 disponible en internet en: http://jca.tsj.gov.ve/decisiones/2006/octubre/653-19-KP02-R-2003-221-.html; En cuanto a la doctrina puede verse *Cfr.* LÓPEZ MESA, *la doctrina de los actos propios en la jurisprudencia...,* p. 74; PIAGGI, *op. cit.,* p. 113-4; VIVES, Luis María, *La Doctrina de los actos propios,* L.L.t.1987 – B, p.946, Nro. II – A; GOZAÍNI, Osvaldo, *La conducta en el proceso,* Platense, La Plata, 1988, pp. 183, 186 y 205; ALBERTI, Edgardo M., Prólogo a *Doctrina de los actos propios* de José Luis AMADEO, Editorial La Ley, Buenos Aires, 1986, Nros. 10 y 19;

difícil conseguir tanto en la doctrina como en la jurisprudencia una línea de argumentación que justifique suficientemente ésta afirmación. Al contrario, es bastante más sencillo conseguir algunas críticas a dicha afirmación las cuales, de entrada, nos hacen pensar que la regla bajo estudio no puede ser válidamente calificada como un principio general de derecho. Para emitir una opinión fundada al respecto es preciso volver sobre algunas de las características de los principios generales del derecho ya elaboradas en la sección IV.2.

Tal como veíamos en dicha sección, la doctrina comparada ha elaborado una serie de intentos de definición de "principios generales del derecho". De manera resumida decíamos que los principios generales del derecho son aquellas normas básicas o principios de conducta que enuncian o recogen las convicciones y creencias que orientan el ordenamiento jurídico de una determinada comunidad.

De entrada, es posible darse cuenta de que la regla del *venire* no es una norma a través de la cual se muestre una convicción del modo de ser o de existir de nuestra comunidad. No es posible decir que dicha regla recoja algún tipo de convicción o creencia capaz de orientar el ordenamiento jurídico venezolano. La razón de esto es más que evidente si se tiene en cuenta que la regla del *venire* permanece básicamente inexplorada e inutilizada en nuestro país, de

---

MINOPRIO, César Carlos, *El boleto de compraventa, el ejercicio abusivo del derecho y la prohibición de ir en contra de los propios actos*, en: Revista del Notariado, nro. 742.

manera que, difícilmente podría decirse que constituye una norma de conducta o valor jurídico capaz de crear una convicción de no poder ir en contra o en contradicción con los propios actos.

A nuestro modo de ver las cosas, no es correcto calificar una regla tan ambigua como la del *venire contra factum* como un principio general de derecho. Ahora bien, esta afirmación no puede basarse en una simple definición. Es por esto que nos parece adecuado tomar ciertos elementos característicos de los principios generales del derecho empleados por la doctrina comparada con la finalidad de determinar –a través de un método de razonamiento deductivo- si la regla del *venire* cumple con dichos elementos y por ende es un principio general del derecho.

Para ello utilizaremos la clasificación de los elementos característicos de los principios generales del derecho elaboradas por algunos renombrados juristas. En tal sentido, GARCÍA DE ENTERRÍA ha dicho que los principios generales del derecho se caracterizan básicamente por su: principalidad, generalidad y juridicidad o tecnicidad.[106] Explica este autor que *al decir que se trata de <principios> se está precisando su carácter básico, en sentido ontológico, no sólo lógico, como soportes primarios estructurales del sistema entero del ordenamiento, al que por ello prestan todo su*

---

[106] GARCIA DE ENTERRÍA y FERNÁNDEZ, *op. cit.* pp. 85 *et seq*; los mismo requisitos han sido enumerados por MANS PUIGARNAU, *Los principios generales del Derecho. Repertorio de reglas, máximas y aforismos jurídicos con la jurisprudencia del Tribunal Supremo de Justicia,* Bosch, Barcelona, 1947, pp. XXVI *et seq* citado por FERREIRA RUBIO, *op. cit.,* p. 39.

sentido. Con respecto a la generalidad dice *Son <generales> por lo mismo, porque trascienden de un precepto concreto y organizan y dan sentido a muchos, y, a la vez, porque no deben confundirse con apreciaciones singulares y particulares que pudieran expresar la exigencia de una supuesta <justicia del caso concreto> y mucho menos con opiniones subjetivas del intérprete*. Finalmente, con respecto a la juridicidad nos dice *Pero son principios <del Derecho>, esto es, como ya hemos notado, fórmulas técnicas del mundo jurídico y no simples criterios morales, o, menos aún, las famosas buenas intenciones o vagas o imprecisas directivas*.[107]

En términos muy similares se pronuncia MANS PUIGARNAU, quien señala como características fundamentales de los principios generales del derecho: la principalidad, la generalidad y la juridicidad.[108] De esta breve clasificación de los elementos con los que deben contar los principios generales del derecho, vemos que, al menos dos de ellos difícilmente están presentes en la regla del *venire i.e.* el carácter de principalidad y el carácter de generalidad de la regla.

En primer lugar, debemos decir que la doctrina de los actos propios es una regla que deriva directamente del principio general de la buena fe.[109] A su vez, hemos dicho que el principio de la buena fe

---

[107] GARCÍA DE ENTERRÍA y FERNÁNDEZ, *Curso de derecho...*, p. 85.
[108] MANS PUIGARNAU, *op. cit.*, p. XXVI y ss.
[109] BORDA, Alejandro, *La teoría de los actos propios y el silencio como expresión de la voluntad*, en: Contratación contemporánea, Teoría general y principios, Palestra Editores. Lima, 2000. Pág. 71.

está compuesto por una serie de normas o premisas. La doctrina de los actos propios, independientemente de que pensemos que su fundamento proviene de la violación del deber de proceder de manera coherente; de la violación de la confianza generada en la contraparte; o de cualquier otro corolario del principio de la buena fe, incuestionablemente surge como consecuencia de alguno de éstos. Es decir, la doctrina de los actos propios es producto de una construcción derivada del principio de la buena fe y por esto se enmarca dentro de los límites de éste. Precisamente por esta razón pensamos que no es posible percibir al *venire contra factum* como una regla de carácter principal en el sentido que la doctrina comparada le ha atribuido a este término. En nuestra opinión, el hecho que la doctrina mayoritaria reconozca que hay un principio general del cual deriva la doctrina de los actos propios, hace insostenible decir que ésta es verdaderamente una norma de carácter principal.

Por otro lado, tampoco nos parece correcto sostener que la regla del *venire* es una regla de carácter general. En este sentido, vale reproducir algunas interrogantes que se ha planteado el profesor DIEZ PICAZO[110] cuando analiza este aspecto y dice : *¿qué generalidad puede atribuírsele a la doctrina de los propios actos? Y, sin generalidad, ¿cómo puede hablarse de un verdadero principio general de derecho?* Un argumento recurrente en la doctrina para desechar el carácter de principio general de *venire* es precisamente

---

[110] DIEZ PICAZO, *op. cit.,* p. 130.

que los principios generales del derecho, por su carácter de generalidad, no admiten excepciones.[111]

Al ver algunas disposiciones de nuestro ordenamiento jurídico podemos percibir fácilmente que existe una serie de excepciones a la aplicación de la regla del *venire*. De hecho, existen numerosos supuestos en los que nuestro ordenamiento jurídico permite actuar contradictoriamente. Es por esto que el *venire* no puede ser considerado una regla de aplicación universal, mayoritaria y sin excepciones. Todo lo contrario, se trata de una norma que indiscutiblemente admite excepciones a su aplicación. A modo de ejemplo, podemos señalar el caso de la revocación de la oferta en materia mercantil (Art. 113 del Código de Comercio), la revocación de la oferta en materia civil (Art. 1.137 del Código Civil), el caso de la revocación de la donación (Art. 1.451, 1.459 Código Civil), el caso general de las acciones de impugnación, entre muchas otras normas que podrían servir como excepciones de la regla *in commento*.

Por último, debemos recordar que la doctrina de los actos propios ha sido reconocida como una regla de aplicación residual, es decir, aplica sólo en aquellos supuestos que no estén expresamente regulados por la ley.[112] Teniendo esto presente sería lógico entonces pensar que, si el *venire* tiene la particularidad de ser una regla

---

[111] DIEZ PICAZO, *op. cit.*, pp. 129-130; BORDA, *La teoría de los actos propios...*, p. 56; BERNAL FANDIÑO, *op. cit.*, p. 258.
[112] El carácter de residualidad de la regla ha sido puesto de manifiesto, entre otros, por EKDAHL ESCOBAR, *op. cit.*, p.38; BERNAL FANDIÑO, *op. cit.*, p. 266.

caracterizada por su residualidad y a su vez los principios generales del derecho no admiten excepciones, dicha regla difícilmente podría ser considerada como un principio general.[113]

Pareciera que algunos autores parten de la falsa creencia que toda máxima jurídica expresa un principio general de derecho. Esta premisa es obviamente desacertada. De hecho, existe un gran número de máximas jurídicas que sencillamente sintetizan normas accesorias que no reflejan forzosamente la esencia misma de un fenómeno jurídico, contrario a lo que ocurre con los principios generales de derecho.[114] En nuestra opinión, tal es el caso de la máxima *venire contra factum proprium non valet*.

2. Como Regla de Derecho

Quienes se inclinan hacía la naturaleza de regla (*regula iuris*) de la prohibición de contradecir los propios actos lo hacen, entre otras cosas, sobre la base de que la aplicación de dicha regla es de carácter residual *ergo* no es posible hablar de un verdadero principio general de derecho.

---

[113] El profesor Alejandro Borda ha expuesto los siguientes argumentos adicionales para sostener que la doctrina de los actos propios no es un principio: *(i)* El *venire contra factum proprium* resume el sentido de una institución por lo tanto no puede ser un principio general del derecho; y *(ii)* abarca una cantidad de situaciones menores a las que comprende el principio general de la buena fe del cual deriva. BORDA, Alejandro, *La teoría de los actos propios: un análisis desde la doctrina argentina...*, Disponible en internet en: http://reigadaborda.com.ar/EN/publications/alejandro_borda/Teoria-Actos-Propios-para-Chile.pdf.

[114] FERREIRA RUBIO, *op. cit.*, p. 45.

Ahora bien, además de la característica de residualidad de la regla, quisiéramos hacer breve referencia a la distinción entre un principio de derecho y una regla de derecho. Esto nos ayudará a explicar razonadamente por qué no nos encontramos frente a un verdadero principio de derecho.

Comencemos por decir que los principios de derecho han sido generalmente entendidos como factores activos, dinamizantes, que sirven de fundamento para decisiones o reglas particulares. Nos dice un autor chileno, que un principio es el punto de partida de una argumentación, es el sustento de un razonamiento que origina el entendimiento hacia una conclusión más particular.[115] Es decir, la determinación de qué es un principio de derecho requiere un proceso de razonamiento y deliberación para determinar su contenido. Además de esto, los principios no se expresan en juicios hipotéticos, a diferencia de las normas, sino más bien son expresados como juicios categóricos.[116] En contraste, las reglas de derecho han sido entendidas como pautas de conducta cuya aplicación es más neutral pues su determinación no requiere de ese procedimiento de deliberación. Las reglas de derecho son generalmente concebidas como juicios hipotéticos: si pasa X, entonces Y. Por eso nos dice el mismo autor que la aplicación de la regla es típicamente un problema de constatación de los hechos y no uno de razonamiento.[117]

---

[115] BARROS, Enrique, *Reglas y principios en el derecho*, en: Anuario de Filosofía Jurídica y Social N° 2. Valparaíso, 1984, p. 271.
[116] *Ibid.*
[117] *Ibid.*

Las reglas pueden ser formas que sirven de vehículo para llegar a un principio general de derecho. Por ejemplo, la regla *pacta sunt servanda* es una manera concisa de enunciar el principio de la obligatoriedad de los contratos.[118]

Como decíamos anteriormente, la regla que prohíbe contradecir los actos propios es una derivación directa del principio general de la buena fe.[119] Como tal, no puede ser entendida como un principio en sí mismo, o, en palabras de BARRO como *punto de partida de una argumentación*, sino más bien, podemos decir que dicha regla forma parte del proceso de argumentación de un auténtico principio general de derecho como lo es el de la buena fe.

Por otro lado, la doctrina de los actos propios regula un supuesto particular bien definido: la no contradicción de la propia conducta. A raíz de esta formulación lo suficientemente puntual, pensamos que no sería correcto afirmar que dicha doctrina sirve como punto de partida para la elaboración de otras reglas derivadas de ella; todo lo contrario, ésta constituye una regla misma.

Por otra parte, tomando en cuenta las características de las normas que mencionábamos anteriormente, es imperioso señalar que la doctrina de los actos propios está formulada como un auténtico juicio hipotético, destinado a sancionar una situación de hecho particular: si te comportas de cierta forma entonces no podrás luego

---

[118] DIEZ PICAZO, Luis y GULLÓN, Antonio, *op. cit.*, p. 160.
[119] LÓPEZ MESA, *la doctrina de los actos propios en la jurisprudencia...*, p. 75.

hacerlo en sentido contrario *v.g.* si un sujeto, viene generando cierta expectativa de conducta en su contraparte al comportarse de cierta forma, entonces no podrá, luego, comportarse de forma que contradiga su propia conducta. A nuestro modo de ver las cosas, un planteamiento que sancione un supuesto así de puntual no podría ser considerado como un principio general del derecho.

Otro aspecto fundamental es que una característica de los principios generales del derecho es que éstos admiten que varios principios se contradigan entre sí sin que los mismos pierdan validez. Ahora bien, algo muy distinto ocurre con las reglas de derecho las cuales, en principio, no admiten contradicciones. Para ello, el legislador ha elaborado diversas técnicas que sirven de herramienta para resolver estos conflictos entre reglas de derecho *v.g.* derogación tácita, especialidad, jerarquía. Estas técnicas se basan en la idea de que dos reglas incompatibles no pueden coexistir. Ahora bien, hemos visto que la regla del *venire* tiene esencialmente un carácter residual, es decir, no aplica cuando existe una regla especial o una convención que regule la situación particular. Así pues, no es posible afirmar que la regla del *venire* prevalece cuando tiene un principio, una norma o una convención que la contradiga, de hecho, la regla del *venire* admite que otras reglas prevalezcan sobre ella. Esto no hace más que reforzar la posición de quienes se oponen al reconocimiento del *venire* como principio general de derecho.

No obstante la calificación jurídica de la doctrina de los actos propios como regla de derecho pareciera ser bastante clara, algunos han afirmado que dicha calificación no ayuda en gran medida al estudio de la institución jurídica que nos ocupa, puesto que las reglas de derecho en sí no tienen valor jurídico propio.[120] Entonces la pregunta que vale hacerse es ¿podemos hablar del *venire* como una regla con carácter normativo? A nuestro modo de ver las cosas, la regla del *venire* sirve de vehículo para expresar el principio más general del cual deriva (la buena fe). El hecho de que la regla sirva para expresar un principio general de derecho hace que a ésta pueda atribuírsele un valor normativo[121] en nuestro país.

3. Como Norma de Derecho.

Como respuesta a la carencia de valor jurídico que se le atribuye a las reglas de derecho, la doctrina comparada ha buscando atribuirle algún valor a raíz de su inclusión en el plano normativo. En este sentido, algún autor argentino ha afirmado que la regla tiene sentido jurídico si se le convierte en una norma jurídica y para ello es necesario que ésta emane de una ley, de la costumbre o de incluso de la jurisprudencia. En tal sentido, el profesor ALEJANDRO BORDA ha explicado que la regla estudiada ha sido objeto de recepción legislativa en Argentina a partir de la sanción de la Ley 22.434 (Reforma del Código Procesal Civil y Comercial Argentino) que en su Artículo 163 inciso 5° establece: *"(...) la conducta observada por las partes durante la sustanciación del proceso podrá constituir un*

---

[120] PARDO DE CARVALLO, *op. cit.,* p. 54.
[121] Diez Picazo explica que este tipo de reglas carecen de valor por sí mismas y es precisamente el hecho de que expresen un principio general lo que les atribuye valor normativo *Cfr.* DIEZ PICAZO, *op. cit.,* p. 127.

elemento de convicción corroborante de las pruebas, para juzgar la procedencia de las respectivas pretensiones." Pero además de esto ha dicho que *"la circunstancia de que los tribunales apliquen la teoría de los actos propios en los casos sometidos a su decisión importa reconocer que ha sido incorporada por vía jurisprudencial al plexo normativo del país"*.[122]

Incluso si esto fuera cierto, éste claramente no es el caso de Venezuela. Nosotros no podemos decir que el legislador venezolano ha adoptado disposición legal alguna que fundamente la aplicación de la regla del *venire*. Además, tampoco podemos afirmar que hemos sido objeto de una recepción jurisprudencial comparable con la que ha habido en Argentina en los últimos años y aunque la hubiese habido, el caso se complica más aún si tomamos en consideración que la posición dominante en Venezuela es la de que la jurisprudencia, salvo aquella que emana de la Sala Constitucional a raíz de una interpretación directa de una norma constitucional, no es una fuente formal de derecho.[123] De tal manera ¿es posible decir que la regla que nos ocupa podría tener carácter normativo en Venezuela?

Comencemos por decir que en Venezuela la regla del *venire* no es una norma legal puesto que no existe disposición legal expresa que establezca su aplicación. Esta afirmación no requiere de mayores

---

[122] BORDA, Alejandro, *La teoría de los actos propios: un análisis desde la doctrina argentina...*, p. 3.
[123] OLASO, Luis María, *Introducción al derecho: introducción a la teoría general del derecho,* Universidad Católica Andrés Bello, Caracas, 2007, p. 207.

explicaciones. Por otro lado, es complicado hablar de la regla como una norma consuetudinaria en nuestro país por diversas razones. En Venezuela se ha entendido que la costumbre permitida es aquella que surge al margen de la ley.[124] Si bien el Artículo 4 del Código Civil no hace mención a la costumbre, existen otras normas del mismo Código que nos remiten directamente a ella (Artículo 7, 1.477, 1.612, 1.646, 1.726) o a los usos (Artículo 1.586). Por otro lado, debemos hacer mención obligatoria a la costumbre mercantil[125] por cuanto la misma tiene en nuestro país un valor significativo conferido por el Artículo 9 del Código de Comercio. Dicho Artículo reza:

> *Las costumbres mercantiles suplen el silencio de la Ley cuando los hechos que las constituyen son uniformes, públicos, generalmente ejecutados en la República o en una determinada localidad y reiterados por un largo espacio de tiempo que apreciarán prudencialmente los Jueces de Comercio.*

La doctrina venezolana ha reconocido que la costumbre mercantil es fuente formal de derecho siempre que se cumplan los requisitos previstos en la ley. En tal sentido, puede observarse como algunos autores han puesto de manifiesto que dicho artículo da

---

[124] OLASO, *op. cit.*, p. 176-77.
[125] Además del Artículo 9 del Código de Comercio, podemos ver referencias a la costumbre en los Artículos 63, 167, 195 y 786.

cabida a la costumbre "normativa",[126] en el sentido que ésta es reconocida como una verdadera norma de obligatorio cumplimiento.

Generalmente se ha admitido que la costumbre está conformada por un elemento externo u objetivo y un elemento interno o subjetivo.[127] El primero consiste en la reiteración de una determinada conducta en el seno de una colectividad,[128] mientras que el elemento subjetivo (*opinio juris*) es la convicción vigente de que una determinada práctica que ha venido repitiéndose es jurídicamente obligatoria.[129] Ahora bien, se ha discutido a nivel doctrinario si la existencia del elemento subjetivo es verdaderamente un requisito necesario para la existencia de la costumbre mercantil. Algunos autores han llegado a la conclusión de que la *opinión juris* es irrelevante puesto que la propia ley (artículo 9 del Código de Comercio) incorpora la costumbre mercantil al ordenamiento jurídico.[130]

---

[126] BERMÚDEZ, José Rafael y MADRID, Claudia, *Usos y costumbres: más allá del arbitraje y la lex mercatoria,* en: Temas Generales de Derecho Mercantil, libro homenaje a Alfredo Morles Hernández, Publicaciones UCAB, Tomo I, Caracas, 2012, p. 308
[127] MORLES HERNÁNDEZ, Alfredo, *Curso de derecho mercantil,* Tomo I, UCAB, Caracas, 2007, p. 128.
[128] OLASO, *op. cit.,* p. 157.
[129] *Ibid.* Incluso si nos adherimos a la posición de quienes han sostenido que la *opinio iuris* se requiere sólo con respecto a la costumbre en general, considerada como fuente autónoma y extra-estatal de normas jurídicas y no en ordenamientos como el nuestro, en el que la costumbre es una fuente subalterna; seguiría faltando la reiteración de la conducta en nuestro país. *Cfr.* BERMÚDEZ, José Rafael y MADRID, Claudia, *op. cit.*, p. 300.
[130] MORLES HERNÁNDEZ, Alfredo, *Curso de derecho mercantil,* Tomo I, UCAB, Caracas, 2007, p. 129.

Independientemente de las consideraciones teóricas con respecto a la costumbre, teniendo presente el exiguo trato que ha tenido la doctrina de los actos propios en nuestro país, resulta evidente que no se pueda hablar de dicha doctrina como una verdadera norma consuetudinaria.

Recordemos que la costumbre no surge de un día para otro, su existencia depende de un proceso de formación complejo de diversas etapas. Una primera, que se ha llamado la costumbre primitiva donde se equipara con los usos sociales; una segunda, en la que empieza a configurarse la costumbre jurídica y se crea un hábito social por la repetición continua de una conducta; y una tercera etapa en la que producto de la repetición de una determinada conducta surge en la sociedad un sentimiento de obligatoriedad con la convicción de que el cumplimiento de una determinada conducta puede ser exigido en forma coactiva.[131]

Por otro lado, podría pensarse también en la calificación de la regla como una norma jurisprudencial. Ahora bien, para que esta afirmación pueda prevalecer tendría que superar dos problemas básicos. En primer lugar, la falta de tratamiento de esta institución por parte de los tribunales venezolanos. Si bien es cierto que algunas sentencias venezolanas se han referido a la regla del *venire contra factum proprium non valet*, las referencias hechas en dichas sentencias han sido absolutamente insuficientes para sostener que de ellas se pueda extraer una verdadera norma jurisprudencial. Distinto

---
[131] OLASO, *op. cit.*, p. 150.

es lo que ocurre, por ejemplo, en España o Argentina donde se han dictado una cantidad enorme de sentencias a través de las cuales se ha desarrollado el fundamento, naturaleza, requisitos de procedencia, entre otros elementos fundamentales de la doctrina de los actos propios. En segundo lugar, para poder aceptar la validez de la regla como norma jurisprudencial, tendríamos que admitir obligatoriamente que la jurisprudencia es una verdadera fuente de derecho en Venezuela.

Por último, quisiéramos decir que tampoco es válido clasificar a la regla del *venire* como una norma convencional puesto que ésta no puede derivarse de un contrato mismo. Pretender basarse en una cláusula de un contrato que prohíba contradecir los actos propios sería invocar el contrato mismo y no la doctrina de los actos propios.[132]

Por los momentos, la falta de tratamiento de esta figura en Venezuela difícilmente nos permite situarla dentro de alguna de las categorías antes mencionadas. Ahora bien, tal como decíamos al final de la sección precedente, pareciera que en Venezuela estamos frente a una regla que sirve de vehículo al principio general de buena fe, el cual le atribuye un auténtico valor normativo a la regla *venire contra factum*.

---

[132] En tal sentido el profesor García de Enterría ha dicho: *La doctrina de los actos propios no alude a estos problemas de la voluntad negocial, y su criterio fundamental radica justamente en imponer una vinculación sin haber mediado consentimiento negocial.* GARCÍA DE ENTERRÍA, *op. cit.*, 72.

Esperamos que la futura aplicación de dicha regla sirva para ampliar su desarrollo y consolidar aún más el carácter normativo que ya posee.

VII. Presupuestos de aplicación y requisitos de procedencia

1. Presupuestos de Aplicación

Mucho se ha escrito en la doctrina comparada sobre los requisitos de procedencia de la doctrina de los actos propios. En las siguientes líneas recogeremos, de forma cronológica, algunas de las clasificaciones doctrinarias más importantes con el propósito de llegar a una conclusión con respecto a cuáles son verdaderamente los presupuestos de aplicación y requisitos de procedencia de la doctrina bajo estudio.

En tal sentido, vemos como el profesor Puig Brutau ya recogía en su trabajo publicado en 1951, los siguientes presupuestos de aplicación:

1. *Una conducta determinada de un sujeto.*

2. *Que haya engendrado una situación contraria a la realidad, eso es, aparente y, mediante tal apariencia, susceptible de influir en la conducta de los demás.*

3. Que sea base de la confianza de otra parte que ha procedido de buena fe y que, por ello, haya obrado de una manera que le causaría un perjuicio si su confianza quedara defraudada. No resulta difícil, por tanto, enlazar la doctrina de los actos propios con la que exige proteger la confianza depositada en la apariencia. En definitiva, ambas son derivación del principio todavía más general que exige proteger la buena fe.[133]

De la propia transcripción de los requisitos expuestos por el profesor PUIG BRUTAU, puede observarse que éste autor fundamenta la aplicación de la regla del *venire contra factum* en la apariencia jurídica, lo cual, en nuestro criterio, resulta erróneo.[134] En el año 1962 el profesor DIEZ PICAZO publicó su referida obra en la cual enumeró los siguientes presupuestos de aplicación:

1. Que una persona haya observado, dentro de una determinada situación jurídica, una cierta conducta jurídicamente relevante y eficaz.

2. Que posteriormente esta misma persona intente ejercitar un derecho subjetivo o una facultad, creando una situación litigiosa[135] y formulando dentro de ella una determinada pretensión.

---

[133] PUIG BRUTAU, *op. cit.*, p. 112.
[134] *Supra* sección No. IV.1.
[135] Explica el Profesor Diez Picazo que esta referencia al término "litigiosa" no debe ser equiparado a "proceso". DIEZ PICAZO, *op. cit.*, p. 223.

3. Que entre la conducta anterior y la pretensión posterior exista una incompatibilidad o una contradicción, en el sentido que de buena fe hubiera de atribuirse a la conducta anterior.

4. Que en ambos momentos, conducta anterior y pretensión posterior, exista una perfecta identidad de sujetos.[136]

En las Novenas Jornadas Nacionales de Derecho Civil organizadas por la Universidad Nacional de Mar de Plata de la República Argentina en 1983, la Comisión No. 8 aprobó una serie de consideraciones dentro de las cuales se recogieron los siguientes requisitos de aplicación de la doctrina en cuestión:

1. Una situación jurídica preexistente.

2. Una conducta del sujeto, jurídicamente relevante y plenamente eficaz, que suscite en la otra parte una expectativa seria de comportamiento futuro.

3. Una pretensión contradictoria con esa conducta atribuible al mismo sujeto.[137]

---

[136] DIEZ PICAZO, *op. cit.*, p. 143.
[137] En Venezuela, esta parece ser la enumeración recogida en el reciente trabajo de Guerrera Briceño *cfr.* GUERRERO BRICEÑO, *op. cit.*, p. 143; Por su parte, el profesor López Mesa en Argentina parece acoger los mismos requisitos en su trabajo publicado en internet: LÓPEZ MESA, *la doctrina de los actos propios en la jurisprudencia...*, p. 64. Adicionalmente, debemos mencionar que existe al menos una sentencia venezolana en la que se han recogido estos mismo requisitos de aplicación Sentencia del Juzgado Superior Civil Y Contencioso Administrativo

Por otro lado, la profesora chilena EKDAHL ESCOBAR indica que los requisitos de aplicación son los siguientes:

1. *Es imprescindible la conducta anterior de un sujeto, la que debe reunir ciertas condiciones: ser válida, eficaz y relevante.*

2. *El sujeto que realizó la conducta debe formular una pretensión a través del ejercicio de un derecho subjetivo, que ha de ser contradictorio con el sentido objetivo que de la conducta anterior se deriva.*

3. *La contradicción ha de causar grave perjuicio a los terceros que, confiando en el sentido objetivo que de la conducta vinculante se infiere, han variado o alterado de alguna forma su posición jurídica.*

4. *Por último, la conducta anterior y la pretensión posterior deben ser ambas atribuidas a una misma persona, es decir, se requiere identidad de sujetos.*[138]

Más recientemente, el profesor argentino ALEJANDRO BORDA siguiendo el marco teórico propuesto por DIEZ PICAZO ha elaborado la siguiente clasificación:

1. *Una conducta anterior relevante y eficaz.*

De La Region Centro Occidental a del 10 de diciembre de 2003 disponible en internet en: http://lara.tsj.gov.ve/decisiones/2003/diciembre/648-10-KP02-N-2002-000253-7294.html

[138] EKDAHL ESCOBAR, *op. cit.*, p. 120.

2. *El ejercicio de una facultad o de un derecho subjetivo por la misma persona que crea la situación litigiosa debido a la contradicción –atentatoria de la buena fe- existente entre ambas conductas.*

3. *La identidad de sujetos que se vinculan en ambas conductas.*[139]

Dentro de la doctrina y la jurisprudencia existen algunos intentos adicionales para clasificar los presupuestos de aplicación de la doctrina bajo estudio, ahora bien, sería una tarea superflua pretender sistematizar todas las clasificaciones que existen. Es por esto que nos limitaremos a decir que la mayoría de ellas contienen básicamente los mismos elementos: *(i)* una primera conducta relevante y eficaz que suscite en la otra parte una expectativa seria de comportamiento futuro; *(ii)* Una pretensión posterior de ejercer un derecho subjetivo de forma contradictoria con la expectativa creada por la conducta precedente; *(iii)* que exista identidad de sujetos. Habiendo dicho esto, es oportuno referirnos brevemente a cada unos de estos supuestos.

A. *La conducta relevante y eficaz que suscite en la otra parte una expectativa seria de comportamiento futuro*

a. La eficacia de la conducta

---

[139] BORDA, *op. cit.*, p. 73. Hay quienes han criticado esta clasificación diciendo que este intento por sistematizar la doctrina resulta inútil *Cfr.* MORALES HERVIAS, *op. cit.*, p. 117.

La aplicación de la doctrina de los actos propios requiere de la existencia de una conducta determinada. Ahora bien, cabe preguntarse antes que nada a qué nos referimos con el concepto de conducta. Se ha dicho que la conducta revela una determinada actitud o una determinada toma de posición de la persona respecto a algunos intereses vitales.[140] Por otra parte, se ha dicho que la conducta vinculante es la concreta actitud o estado de convicción que el sujeto que la emite revela a través de ella. De manera que, ésta debe estar conformada por un acto o una serie de actos que conlleven a la variación del mundo externo, es decir, aquella "conducta" que permanece como una mera intención no puede ser tomada en cuenta para el estudio de los actos propios.[141]

La conducta a su vez debe estar conformada por una serie de requisitos o condiciones que ha desarrollado la doctrina. En este sentido, nos limitaremos a enunciar los requisitos que han sido resumidos por la profesora EKDAHL ESCOBAR en los siguientes términos: *(i)* la conducta debe ser relevante; *(ii)* la conducta debe ser inequívoca; *(iii)* la conducta debe ser eficaz; *(iv)* la conducta debe haber sido manifestada con anterioridad a aquella contra la cual se pretende contradecir. Por otro lado, el profesor DIEZ PICAZO dentro de su clasificación de la conducta vinculante, hace referencia a la conducta equivocada o errónea. Este último caso, se trata de un aspecto de suma importancia y que presenta grandes dificultades teóricas, por lo tanto nos referiremos a él más adelante.

---

[140] DIEZ PICAZO, *op. cit.*, p. 195.
[141] EKDAHL ESCOBAR, *op. cit.*, p. 105.

Por la relevancia de la conducta se entiende que ésta ha de poseer un carácter fundamental o trascendental, a través del cual se logra definir o transmitir en forma clara y precisa cuál es la postura del individuo que la lleva a cabo. Se entiende que la conducta debe ser ejecutada dentro de una relación jurídica y debe tener un impacto o repercusión en ella. Así pues, para los efectos de la doctrina de los actos propios, no pueden ser tomados en cuenta aquellos actos que carecen de relevancia jurídica como lo pueden ser las meras opiniones, las expresiones de un deseo, expresiones incidentales y, en fin, cualquier conducta que no pueda ser estimada como vinculante.[142] Pensamos que tampoco podría ser considerada relevante la conducta que no produzca ni sea capaz de producir un daño futuro.[143]

---

[142] *Ibid.*

[143] A diferencia de lo que ocurre, por ejemplo, con el hecho ilícito, pensamos que el daño no es un requisito esencial para la procedencia de la doctrina de los actos propios. A nuestro modo de ver las cosas, la regla del *venire* puede y es aplicada en múltiples precisamente para evitar un daño. Por ejemplo, pensemos en el caso de aplicación de la regla del *venire* en que un sujeto habiendo reconocido su representación por un sujeto que contrata con un tercero, posteriormente pretende negar o desconocer dicha representación. Bajo este caso en específico, la doctrina de los actos propios podría ser perfectamente aplicada para evitar o impedir que se produzca el daño al tercero en caso de que, por ejemplo, se declare nulo el contrato por falta de representación. La doctrina de los actos propios en este caso actúa como un impedimento para producir un daño que, de no ser aplicada la regla del *venire*, se produciría. Técnicamente en este caso el daño ocurriría en un momento cronológico posterior a la aplicación de la doctrina de los actos propios, es por esto que, no consideramos que el daño pueda ser considerado un requisito esencial de aplicación de la regla en cuestión. Con respecto a la aplicación de la doctrina de los actos propios para evitar el daño Fueyo Laneri ha dicho: *"la doctrina de los actos propios es un principio general de derecho, fundado en la buena fe, que impone un deber jurídico de respeto y sometimiento a una situación jurídica creada anteriormente por la conducta del mismo sujeto, <u>evitando así la agresión a un interés ajeno y el daño consiguiente</u>"* (subrayado nuestro), FUEYO LANERI, *op. cit.*, p. 310.

Por otro lado, se dice que la conducta tiene que ser inequívoca, pues debe haber sido manifestada de forma terminante, es decir, el acto bajo análisis debe conducir a un único significado claro y preciso que no sea susceptible de prestarse a diversas interpretaciones. Se ha dicho que la conducta no es vinculante cuando se presta a varias interpretaciones.[144]

Cuando se habla de la eficacia de la conducta lo que se quiere poner de manifiesto es que la primera conducta debe ser válida ante el ordenamiento jurídico. Tanto la jurisprudencia española como la argentina han reiterado este requisito en innumerables fallos.[145] El efecto principal de la aplicación de la doctrina de los actos propios es la inadmisibilidad de contradecir la propia conducta. Ahora bien, si la primera conducta no es eficaz, el agente de dicha conducta podrá impugnar su propio acto *v.g.* cuando se celebra un contrato que contiene una disposición que va en contra del orden público, por tanto es nulo, se podrá venir válidamente contra los propios actos.[146]

---

[144] *Ibid.* En el derecho anglosajón podemos ver que la jurisprudencia se ha enfrentado con el problema de la ambigüedad del lenguaje en las declaraciones. En un caso emblemático (*Low vs. Bouverie*) se dejó por sentado que un determinado lenguaje puede prestarse a diversas interpretaciones siempre que pueda ser razonablemente entendido en un sentido particular por la persona a quien está dirigido *Cfr.* COOKE, Elisabeth, *The modern law of estoppel,* Ofxord University Press, New York, 2000, p. 73.

[145] Referencias a la jurisprudencia española pueden verse en DIEZ PICAZO, *op. cit.,* pp. 201 *et seq;* mientras que referencias a la jurisprudencia argentina pueden observarse en LÓPEZ MESA, *la doctrina de los actos propios en la jurisprudencia...,* p. 66.

[146] Más adelante haremos breve referencia al tema de la conducta viciada por error. Ahora bien, a estas alturas vale preguntarse si la conducta basada en un error puede calificar realmente como una conducta relevante y eficaz. El profesor López Mesa ha dejado claro que para él, una conducta basada en un vicio de la voluntad, no puede calificar de ninguna manera como relevante y eficaz. En tal sentido dice:

Como bien explica Diez Picazo, la impugnación de cualquier negocio jurídico pareciera implicar un *venire contra factum* por cuanto involucra cierta contradicción con la primera conducta. Pero la impugnación del negocio ineficaz no necesariamente queda impedida por la regla del *venire,* es decir, se viene lícitamente contra los propios actos cuando se ejercita una acción de nulidad o una acción resarcitoria para impugnar un negocio jurídico irregular.[147] En última instancia, se ha reiterado en la doctrina comparada que es imprescindible que la primera conducta que pone en marcha la doctrina de los actos propios preceda a aquella mediante la cual se la pretende contradecir.[148]

b. La expectativa de comportamiento

Además de que la conducta que pone en marcha la doctrina de los actos propios deba ser observada con anterioridad a aquella mediante la cual se la pretende contradecir, la doctrina comparada ha dicho que entre las dos conductas generalmente debe mediar un período razonable de tiempo, suficiente para crear en terceros una confianza o expectativa de comportamiento.

En este sentido, se ha reconocido la posibilidad de rectificación en ausencia de cierta confianza o expectativa de

---

"Y no parece que la conducta "jurídicamente relevante y plenamente eficaz", a que aluden en fórmula estereotipada infinidad de fallos, pueda ser aquella viciada por violencia, dolo o error de hecho esencial y excusable, a menos que se adopte para el punto un criterio de eficacia distinto al corriente."
[147] DIEZ PICAZO, *op. cit.,* p. 202.
[148] EKDAHL ESCOBAR, *op. cit.,* p. 110.

comportamiento. Así, la profesora EKDAHL ESCOBAR ha señalado que en aquellos casos en que no se ha generado la confianza en la otra parte, cabría rectificación de la primera conducta (*i.e. venire*), puesto que, en dichos casos no cabría hablar de una contravención a los dictados de la buena fe.[149] Por su parte, DIEZ PICAZO también parece reconocer la posibilidad de rectificar la conducta en aquellos casos en que no se ha creado la confianza en la otra parte al decir que *lo que hay que preguntarse entonces es si la conducta podía ya, objetivamente y conforme a la buena fe, haber engendrado esta confianza que se protege o no. Cuando la confianza protegida ha nacido y esta confianza, como señala agudamente la doctrina inglesa, ha servido de base para que el adversario altere de alguna forma su posición anterior, la rectificación no cabe ya, pero cabe, en cambio, en el caso contrario.*[150] El reconocimiento por parte de estos autores de la posibilidad de rectificación inmediata, no hace más que ratificarnos que la sola conducta eficaz y contradictoria no pareciera ser suficiente para aplicar la regla del *venire*, sino que es necesario que se suscite en la otra parte una expectativa seria de comportamiento futuro.

Indudablemente, determinar la existencia o no de algún grado de confianza generado por la conducta de un determinado individuo puede resultar una tarea de suprema dificultad. Ahora bien, no debemos olvidar que al hablar del deber de respetar la confianza generada en la contraparte dicha confianza además de ser

---

[149] EKDAHL ESCOBAR, *op. cit.*, p. 110.
[150] DIEZ PICAZO, *op. cit.*, p. 216.

consecuencia de un deber objetivo de comportamiento -el deber de coherencia- debe basarse y ser estimada en hechos objetivos que tengan la idoneidad para general dicha confianza.[151] La confianza siempre será consecuencia del deber objetivo de comportamiento que impone la buena fe objetiva, de manera que, tal como hemos visto, no podrá ser estimada en base al estado psicológico o a las creencias subjetivas de las personas sino en base a criterios objetivos.

Habiendo dicho esto surge inmediatamente la pregunta ¿Es necesario que medie un período de tiempo determinado para que se genere una confianza en terceros que los induzca a pensar que una determinada conducta se va o no se va a llevar a cabo? Algunos autores han dicho que entre las dos conductas sujetas a la aplicación de la regla del *venire* generalmente debe mediar un período razonable de tiempo suficiente para crear en terceros la confianza que los induzca a alterar sus posiciones.[152] Ahora bien, la doctrina no

---

[151] Con respecto a la confianza de la persona que invoca la regla del *venire*, la Profesora Neme Villareal ha dicho lo siguiente: *Ahora bien: en cuanto concierne a la valoración de la conducta de quien invoca la doctrina de los actos propios, esta parte igualmente debe observar un comportamiento objetivo de conformidad con la buena fe, por cuanto su confianza legítima en el estado de cosas suscitado por la conducta de la contraparte debe basarse en hechos objetivos, que por demás tengan la idoneidad para generar tal confianza; de ahí la exigencia de legitimidad de dicha confianza, pues no basta una mera representación mental, un estado psicológico, una mera creencia como sustento de la confianza que compele al agente a acomodar su conducta y, por supuesto, se requiere la ausencia de mala fe*; NEME VILLARREAL, Martha, *Buena fe subjetiva y buena fe objetiva. Equívocos a los que conduce la falta de claridad en la distinción de tales conceptos,* en: Revista de Derecho Privado, Departamento De Publicaciones Universidad Externado De Colombia, No. 17, 2009, p. 67.
[152] EKDAHL ESCOBAR, *op. cit.* p. 110. Téngase en cuenta que con esto no quiere decirse que el transcurso de un período de tiempo es un requisito esencial

ha hecho referencia a qué debe entenderse por un período razonable de tiempo. Como consecuencia de esto, pareciera entonces que lo relevante es determinar casuísticamente que se haya generado en terceros una confianza suficiente para dar una expectativa de comportamiento futuro.

c. El problema de la conducta basada en el error

Sentadas las premisas anteriores pasemos a hablar sobre los supuestos en que la propia conducta se encuentre viciada por algún vicio del consentimiento. Así pues, hablaremos de aquellas situaciones en las que el sujeto que ha actuado en base a algún vicio del consentimiento pretende venir contra sus propios actos basándose en la existencia de dicho vicio.

Este es un punto que presenta grandes dificultades en torno a su solución por existir un conflicto de intereses contrapuestos. Por un lado, la persona que actuó lo habría hecho "sin consentimiento" –puesto que su consentimiento estuvo viciado– de manera que buscará sostener la imposibilidad de que se le amarre a una primera conducta viciada. Por el otro, el tercero frente al cual se pretende

---

para la existencia de la doctrina de los actos propios. Todo lo contrario, tal como veremos más adelante, la existencia de dicho período es precisamente un elemento fundamental para distinguir entre la doctrina en cuestión y la *Verwirkung* alemana. Lo que queremos decir y estimamos que la profesora Ekdahl Escobar también, es que en la generalidad de los casos en que se está en presencia de una conducta contradictoria, ocurre que un determinado período de tiempo considerable transcurre entre las dos conductas, y dicho periodo sirve para evidenciar la existencia de una determinada confianza en la contraparte. Ahora bien, hay casos en los que puede generarse la confianza sin que haya transcurrido un largo periodo de tiempo.

ejercer una conducta contradictoria buscará hacer valer la regla del *venire* para evitar la actuación contradictoria con una primera conducta que le ha generado cierta confianza o expectativa de comportamiento de su contraparte.

La doctrina comparada no es pacífica al prestar una solución a este problema. El profesor DIEZ PICAZO adopta la postura según la cual la doctrina de los actos propios es plenamente aplicable en aquellos supuestos en que la primera conducta está viciada por un error. Para dicho autor, la existencia de un error no es motivo suficiente para desechar la aplicación de la regla del *venire*. Explica el maestro español, que la existencia del error no puede ser tomada en cuenta en la aplicación de la doctrina de los actos propios, porque cuando se ha suscitado en la otra parte una confianza objetiva de comportamiento, ésta debe ser protegida.[153] Es evidente la importancia que le atribuye el autor español a la protección de la confianza objetiva que una determinada conducta puede haber generado en un tercero.

Esta postura ha sido seguida por algunos tribunales argentinos. En este sentido, vale la pena transcribir brevemente el voto de un magistrado argentino, el Dr. JARAZO VIERAS, en el cual se pone de manifiesto de forma clara tal forma de pensar:

> (…) *va contra sus propios actos quien ejerce un derecho en forma objetivamente incompatible con su*

---

[153] DIEZ PICAZO, *op. cit.* p. 212.

> *conducta anterior y que semejante pretensión resulta írrita al principio de la buena fe y particularmente a la exigencia de observar dentro del tráfico jurídico un comportamiento coherente (...) la total irrelevancia que reviste para el funcionamiento del instituto aplicado la disposición subjetiva del autor de la conducta contradictoria (...) ni que la misma haya tenido su origen en un error (...) porque como se han encargado de precisarlo los autores la inadmisibilidad del venire contra factum se produce -objetivamente- con prescindencia del grado de conciencia o conocimiento que haya tenido el agente al realizarla.*[154]

Los partidarios de esta posición lógicamente apelan a la objetividad a la que hacíamos referencia cuando veíamos la importancia que tiene la buena fe entendida en sentido objetivo. Recordemos que, esa objetividad a la que hacíamos referencia, trae como consecuencia que la intención o la falsa creencia de que un individuo actúa conforme a derecho (error) sea absolutamente irrelevante para los efectos de la aplicación de la doctrina de los actos propios. Es por esto que DIEZ PICAZO ha dicho que la conducta, que suscita la confianza, ha de tomarse en su sentido objetivo y conforme a la buena fe. Esta protección objetiva de la

---

[154] Sentencia de la Cámara Nacional de Comercio argentina del 15 de marzo del año 1985 citada por LÓPEZ MESA, *la doctrina de los actos propios en la jurisprudencia...*, p. 132.

confianza del tercero conduce a negar por regla general la relevancia del error".[155]

De manera que, una construcción lógica basada en la premisa que la noción objetiva de la buena fe es la que prevalece para los efectos de la aplicación de la regla del *venire*, pareciera llevarnos necesariamente a la conclusión de que aunque estemos en presencia de un error, dicho error es absolutamente intrascendente y la doctrina de los actos propios debe ser aplicada. Ahora bien, cabe preguntarse acerca de lo que ocurre cuando la contraparte conoce del error o se trata de un error notorio o que debió ser razonablemente inferido por la contraparte. Es lógico que en estos casos no pueda hablarse de protección alguna de la confianza objetiva por lo tanto debe desecharse la aplicación de la doctrina de los actos propios.

Si observamos detenidamente los requisitos de procedencia de la regla del *venire* podría pensarse que sería posible hablar de una especie de contradicción entre aquellos autores que admiten la aplicación de la doctrina de los actos propios en caso de error y a su vez reconocen como requisito de procedencia de la regla del *venire* la existencia de una conducta eficaz. Ahora bien, lo cierto es que dicha contradicción realmente va a depender de la noción de eficacia de la cual se parta. Por ejemplo, para el profesor DIEZ PICAZO la eficacia de la conducta pareciera ser estrictamente la no contravención con una norma legal,[156] cosa que no necesariamente

---

[155] DIEZ PICAZO, *op. cit.*, p. 211.
[156] DIEZ PICAZO, *op. cit.*, p. 201.

incluye las conductas basadas en el error. Por lo cual, pareciera que no necesariamente existe una contradicción en el argumento de dicho autor. En cambio, el profesor LÓPEZ MESA ha afirmado con claridad que una conducta basada en el error no puede ser considerada como una conducta eficaz.[157]

Uno de los problemas básicos que trae la postura de DIEZ PICAZO es que, a través de la aplicación de la doctrina de los actos propios en los casos en que existe un error u otro vicio se estaría subsanando un vicio esencial que está expresamente condenado por el ordenamiento jurídico. No puede olvidarse que la mayoría de los códigos civiles prevén expresamente sistemas complejos de anulación de actos viciados que no pueden ser absolutamente ignorados por la doctrina en cuestión.

En base a lo anterior, LÓPEZ MESA y FUEYO LANERI han criticado la postura de quienes admiten la procedencia de la doctrina de los actos propios cuando se está en presencia de un vicio, al señalar que no es posible hablar de la aplicación de la doctrina de los actos propios cuando el primer acto se hallare viciado, sea por error, dolo, violencia o cualquier otro vicio sustancial.[158]

---

[157] LÓPEZ MESA, Marcelo, *La doctrina de los actos propios: esencia y requisitos de aplicación,* en: Universitas (Homenaje a Luis Carlos Galán Sarmiento), No. 119, 2009, p. 204.
[158] LÓPEZ MESA, Marcelo, *La doctrina de los actos propios: esencia y requisitos de aplicación...* p. 202; la misma posición ha sido adoptada por el autor chileno FUEYO LANERI, *op. cit.,* p. 311.

Para el primero de estos autores, la objetividad de la contradicción de la conducta que no admite matices ni excepciones no es correcta. Dicho autor se pregunta por qué en caso de alegarse y probarse la existencia de un vicio de la voluntad reconocido por el ordenamiento como enervante de la declaración se cierra el paso o se tapa la boca del excepcionante obligándolo por la fuerza a ser coherente con un acto de voluntad viciado.[159] El precitado autor ha dejado por sentado que:

(...) si el primer acto no es válido, por estar viciado sustancialmente, no cabe aplicar la doctrina de los actos propios, pues ella no establece una obligación de mantenerse en el error, sino de actuar coherentemente cuando ambas manifestaciones de voluntad son válidas, pero contradictorias entre sí.[160]

Así lo ha reafirmado en una sentencia en la que dicho autor, actuando en calidad de sentenciador, expuso lo siguiente:

El demandado no ha alegado la existencia de error excusable suyo o de dolo de otra persona o de ningún otro vicio de la voluntad, extremos que –de probarse– pudieron haber liberado de las consecuencias de sus actos propios anteriores, ya que la doctrina de los

---

[159] LÓPEZ MESA, *la doctrina de los actos propios en la jurisprudencia...*, p. 132.
[160] LÓPEZ MESA, Marcelo y ROGEL VIDE, Carlos, *op. cit.*, p. 190.

actos propios no puede vincular a una persona a un acto suyo viciado.[161]

LÓPEZ MESA llega a la conclusión de que la regla en caso de error debe ser la acreditación por la parte y la apreciación prudente por el juez, del vicio o de la justificación del error alegado pues, de lo contrario, se estaría generando una dictadura del pasado en busca la protección de la confianza.[162]

Según el profesor LÓPEZ MESA,[163] en la sentencia objeto del voto salvado que transcribíamos anteriormente, el sentenciador ha ido demasiado lejos y de aplicarse extensivamente el criterio allí sostenido la doctrina de los actos propios tendría el efecto notable de derogar implícitamente todo el régimen vigente en materia de vicios de la voluntad, lo que para él resulta inaceptable.

Es clara la discrepancia de posturas que existe entre quienes admiten la aplicación de la regla del *venire* en aquellos casos en que se está en presencia de un vicio y quienes no la admiten. Si volvemos sobre el fundamento de la regla del *venire* expuesto en la sección V, podríamos llegar a pensar que, a primera vista, existe una contradicción lógica en quienes fundamentan la doctrina de los actos propios en un criterio objetivo de la buena fe pero luego no admiten

---

[161] Sentencia de la Sala A de la Cámara Civil y Comercial de Trelew del 30 de septiembre de 2008 (caso: P/.N. Elizabeth vs. G. Claudio) registrada bajo el No. 62 – voto salvado del Dr. López Mesa, citada por López Mesa.
[162] LÓPEZ MESA, Marcelo y ROGEL VIDE, Carlos, *op. cit.*, p. 185.
[163] *Cfr.* LOPEZ MESA, La doctrina de los actos propios: esencia y requisitos… p. 203.

la aplicación de la regla del *venire* en los casos en que se está en presencia de una conducta viciada.[164] Tal como explicábamos en la sección V.B, la doctrina de los actos propios encuentra su fundamento en la buena fe objetiva, es decir, en aquella concepción de la buena fe en la que la intención, el estado de conciencia o el hecho de que el autor de la conducta actúe o no bajo la creencia de estar haciéndolo conforme a derecho, es absolutamente irrelevante. De manera que, si de lo que se trata es de la protección de la buena fe a través de la prohibición de llevar a cabo una conducta contradictoria teniendo en cuenta una primera conducta vista desde unos parámetros netamente objetivos, entonces la protección de la buena fe es independiente y no debe ser confundida con cualquier posible vicio sufrido. Ahora bien, la cuestión cambia cuando existe una disposición legal expresa que permite el cambio de conducta.

La jurisprudencia comparada más reciente se ha inclinado por la tendencia que no admite la aplicación del *venire* en aquellos casos de conductas viciadas de error. Así, podemos citar como ejemplo una sentencia reciente de la Sala de Casación Civil del Tribunal Supremo de Justicia colombiano, por medio de la cual el Magistrado PEDRO OCTAVIO MUNAR CADENA se pronunció en

---

[164] Vale destacar que el profesor López Mesa, seguramente consciente de esta posible contradicción, ha hablado sobre la existencia de las reglas de impugnación de actos viciados así como de una flexibilidad en la objetividad de la conducta y básicamente ha concluido que dependiendo de la gravedad del error procederá o no la aplicación de la doctrina en cuestión. Lo cierto es que, tal como decíamos, en aquellos casos en que se está en presencia de un error en la primera conducta existirán siempre dos intereses legítimos y contrapuestos difíciles de conciliar, los de la persona que contradice la conducta alegando el error y los de la persona en la que se ha generado una determinada confianza a través de la conducta viciada.

contra de la aplicación de la doctrina de los actos propios en aquellos casos en que se incurra en un error. La parte relevante de la sentencia reza lo siguiente:

> *Agrégase, en procura de enriquecer de argumentos este aparte, la hipótesis de no poca ocurrencia, como es la incursión de errores en diferentes campos y, por ahí mismo, evocando la teoría mencionada, vivificándola de manera permanente e inmodificable, de modo que el individuo inmerso en tal situación no podría sustraerse de lo ejecutado en el pasado, pues contrariaría aquellos postulados del acto propio. Tal situación, por supuesto, resulta repelida por el sentido común, pues sería tanto como obligar al individuo a que permanezca en el error, no obstante su propósito de corregir. Para ilustrar el punto de vista que acaba de asentarse viene al caso, paradigmáticamente, por demás, de la regla contenida en el artículo 2313 del Código Civil conforme a la cual puede repetirse lo indebidamente pagado.*[165]

En nuestra opinión, el criterio a seguir en Venezuela debe ser el que han sostenido los autores citados en última instancia. No creemos que sea correcto permitir la aplicación de la regla del *venire* en circunstancias en las que existe un vicio del consentimiento. La

---

[165] Corte Suprema de Justicia de Colombia, Sala de Casación Civil Magistrado: Pedro Octavio Munar Cadena (Exp. 11001 3103 025 2001 00457 01) (Caso: Constructora Safinsa vs. Banco Comercial Av. Villas) del 24 de enero de 2011.

razón es evidente, existen ciertas disposiciones legales que admiten la contradicción de la propia conducta al permitir la impugnación del negocio viciado. Tal como veremos en la sección X.3, no puede aplicarse la doctrina de los actos propios en aquellas circunstancias en que la propia ley permita un cambio de conducta. En tal sentido, el artículo 1.146 del Código Civil el cual reza lo siguiente:

> *Aquel cuyo consentimiento haya sido dado a consecuencia de un error excusable, o arrancado por violencia o sorprendido por dolo, puede pedir la nulidad del contrato.*

La existencia de este artículo tiene importantes repercusiones en la aplicación de la regla del *venire* en casos de vicios del consentimiento. Su consagración impide la aplicación de la doctrina en cuestión cuando el consentimiento ha sido consecuencia de un error excusable, violencia o dolo.[166] En todas aquellas situaciones en las que exista un vicio del consentimiento y se pretenda aplicar la regla del *venire* en el momento en que se pretende pedir la nulidad del contrato, se estaría ignorando la existencia de la mencionada disposición legal, cosa que equivaldría a la derogatoria de una norma legal expresa por vía de una regla de aplicación residual. Así, por ejemplo, en el caso en que un sujeto hubiera hecho creer a su

---

[166] Evidentemente, para que proceda la aplicación de dicho artículo deben cumplirse ciertos requisitos. Con respecto a los requisitos del error *Cfr.* URDANETA FONTIVEROS, Enrique, *El error el dolo y la violencia en la formación de los contratos,* Academia de Ciencias Políticas y Sociales, Caracas, 2009, p. 81 *et seq.*

contraparte que tenia pleno ejercicio de su capacidad jurídica en base a lo cual dicho sujeto despliega una conducta según la cual parece que cerraré un determinado contrato, pero luego su contraparte descubre que el sujeto realmente carece de capacidad jurídica, éste último podrá pedir la nulidad del contrato por vía del artículo 1.146 del Código Civil.

Finalmente, vale decir que tampoco podemos olvidar que algunas disposiciones contenidas en el Código Civil al igual que en los Principios UNIDROIT permiten la subsanación del error. En tal sentido, el artículo 1.149 del Código Civil establece:

> *La parte que invoca su error para solicitar la anulación de un contrato, está obligada a reparar a la otra parte los perjuicios que le ocasione la invalidez de la contravención, si el error proviene de su propia falta y la otra parte no lo ha conocido o no ha podido conocerlo.*
>
> *No procederá la nulidad del error, si antes de deducirse la acción o hasta el acto de la contestación de la demanda, la otra parte <u>ofrece ejecutar su prestación subsanando el error</u> sin perjuicios para el otro contratante.* (subrayado nuestro)

Por su parte, el artículo 3.13 de los Principios UNIDROIT establece lo siguiente:

> *(1) Si una de las partes se encuentra facultada para anular un contrato por causa de error, pero la otra declara su voluntad de cumplirlo o cumple el contrato en los términos en los que la parte facultada para anularlo lo entendió, el contrato se considerará perfeccionado en dichos términos (...).*
>
> *(2) La facultad de anular el contrato se extingue a consecuencia de dicha declaración o cumplimiento, y cualquier otra notificación de anulación hecha con anterioridad no tendrá valor alguno.*

Estas disposiciones tienen el efecto de *impedir a la parte que incurrió en el error que anule el contrato si la otra parte expresa su voluntad de cumplir o cumple el contrato de la manera como lo entendió la parte equivocada.*[167] En tal sentido, el derecho de pedir la nulidad del contrato por parte de quien haya incurrido en error va a depender del no ejercicio por la otra parte del derecho de cumplir el contrato.[168]

La posibilidad de subsanar el negocio viciado prevista en nuestro ordenamiento jurídico reviste especial importancia en el tema que nos ocupa. Pues, en aquellos casos en que la contraparte

---

[167] URDANETA FONTIVEROS, Enrique, *El error el dolo y la violencia en la formación de los contratos,* Academia de Ciencias Políticas y Sociales, Caracas, 2009, p. 147.

[168] Lo anterior evidentemente no tendrá aplicación cuando estemos frente a un negocio jurídico que sea nulo *ab initio,* por ejemplo, cuando dos personas acuerdan venderse un bien que en realidad le pertenece a un tercero.

de quien invoca el error decida subsanar dicho error al cumplir con el contrato de la manera en que lo entendió la parte equivocada, la doctrina de los actos propios tendrá aplicación como si nunca hubiese existido vicio y podemos decir con certeza que la disposición del artículo 1.146 del Código Civil ya no jugará un papel determinante en la aplicación o no del *venire contra factum*.

B. La pretensión posterior de ejercer un derecho subjetivo de forma contradictoria

La segunda condición para la aplicación de la doctrina de los actos propios es que se esté en presencia del ejercicio de una facultad o de un derecho subjetivo mediante el cual se creé una situación litigiosa debido a la contradicción existente entre una primera conducta y una posterior.

Es decir, tiene que haber una pretensión que contradiga una primera conducta, entendida ésta como el acto de ejercicio de un derecho o una facultad. Según DIEZ PICAZO, para que haya pretensión basta que un sujeto ejerza un derecho o una facultad.[169] En rigor, es importante destacar que la pretensión es contradictoria no cuando va en contra de la primera conducta sino cuando se ejerce de forma contradictoria con el sentido que objetivamente y de buena fe, ha de atribuírsele a la conducta relevante y eficaz.[170] Es importante verificar en cada caso que realmente se verifique una

---

[169] DIEZ PICAZO, *op. cit.*, p. 188.
[170] EKDAHL ESCOBAR, *op. cit.*, p. 112.

contradicción entre el sentido objetivo de la conducta previa y la pretensión posterior.

El profesor español ha delimitado la noción de pretensión a aquellos casos en que ésta tiene como base el ejercicio de un derecho. Es decir, en aquellos casos en los que no se esté asistido por un derecho subjetivo no se estará en presencia de una "pretensión" en el sentido atribuido por DIEZ PICAZO. Esta última postura ha sido criticada por la profesora EKDAHL ESCOBAR, según la cual, la pretensión no necesariamente tiene que estar asistida por un derecho subjetivo, es decir, puede perfectamente existir una pretensión sin que exista como base un derecho.[171]

En nuestra opinión, la delimitación de la noción de "pretensión" que hace el maestro español no sólo es correcta sino pragmática en el sentido que sólo se admite la aplicación de la doctrina de los actos propios en aquellos casos en que un individuo pretende ejercer contradictoriamente un derecho que realmente tiene. Esto nos permite decir que, en aquellos casos en que un sujeto no posee el derecho en base al cual pretende hacer valer una determinada pretensión, no podrá aplicarse la doctrina de los actos propios, sino que, el fundamento para la demanda del sujeto sería la falta real de fundamento o del título alegado.[172] Así pues, la doctrina de los actos propios procederá en aquellos casos en que se esté verdaderamente frente a una pretensión contradictoria, entendido el

---

[171] *Cfr.* EKDAHL ESCOBAR, *op. cit.,* p. 111-12.
[172] DIEZ PICAZO, *op. cit.,* p. 221.

término pretensión como el acto de ejercer un derecho o una facultad verdaderamente poseída.[173]

C. La identidad de sujetos

La aplicación de la regla *venire contra factum* requiere la identidad de la persona que lleva a cabo la conducta vinculante y con la persona que procura ejercer la pretensión contradictoria. Debemos tener en cuenta que, en los casos de aplicación de la doctrina de los actos propios siempre se está en presencia de dos conductas: una primera conducta eficaz y vinculante y una segunda conducta que contradice la primera. En efecto, se trata de dos conductas diferentes que suceden en momentos cronológicos distintos pero que tienen que necesariamente ser llevadas a cabo por una misma persona.

Ahora bien, téngase en cuenta que existen dos excepciones al hecho de que haya identidad entre el primer sujeto y el segundo. Se trata del caso de las sucesiones y de la representación.[174] En el primero de éstos, los herederos se ven afectados por los actos propios del causante incluso si ellos no han llevado a cabo la primera conducta. La doctrina comparada ha dicho que, en base a la idea de continuidad que sirve de fundamento al Derecho Sucesorio, debe admitirse que los derechos transmitidos a los herederos han de ser transmitidos en conformidad con el sentido que a su ejercicio le habría dado el titular anterior de dichos derechos con su conducta.[175]

---

[173] DIEZ PICAZO, *op. cit.*, p. 222.
[174] EKDAHL ESCOBAR, *op. cit.*, p. 116-117.
[175] DIEZ PICAZO, *op. cit.*, p. 234.

En estos casos se entiende que el centro de interés es el mismo entre el causante y sus herederos.[176]

Por otro lado, con respecto al caso de la representación y la posibilidad del representado de ir contra los actos del representante, debemos decir que ocurre algo similar a lo que ocurre en los casos de sucesiones. En tal sentido, los efectos jurídicos de los actos llevados a cabo por el representante se imputan en la persona del representado quien estará obligado a respetarlos.[177] De manera que, en vista de que los actos del representante se radican en la persona del representado, éste no puede, en principio, contradecir los actos realizados por el representante en vista de que se estaría afectando un mismo interés.

2. Requisitos para el empleo de la regla

Tal como hemos visto, los presupuestos de aplicación clásicos de la regla del *venire* son bastante generales, de modo que, podrían dar pie a una aplicación desmesurada de la doctrina en cuestión. Así pues, en un estudio en el que se precisan aquellos casos en los que debe proceder la aplicación de la doctrina de los actos propios, el profesor LÓPEZ MESA ha elaborado una lista más específica de requisitos de procedencia a ser estimados por el juez una vez que se han comprobado *prima facie* los presupuestos de aplicación mencionados anteriormente.[178]

---

[176] BERNAL FANDIÑO, *op. cit.*, p. 264.
[177] EKDAHL ESCOBAR, *op. cit.*, p. 117.
[178] LÓPEZ MESA, Marcelo, *La doctrina de los actos propios: esencia y requisitos*

Realmente, nos parece poco práctica esta división entre los presupuestos de aplicación y los requisitos de procedencia. Sin embargo, como somos partidarios de una aplicación prudente y restringida de la doctrina de los actos propios, nos ha parecido pertinente tomar de la clasificación del profesor argentino y reproducirla a continuación con la finalidad de que sirva de herramienta a los fines de restringir y delimitar la aplicación de la regla del *venire* y así impedir su aplicación irrestricta en Venezuela.

Entre los requisitos de procedencia podremos encontrar algunos de gran utilidad práctica a efectos de la determinación de la aplicabilidad de la doctrina bajo estudio:

Los requisitos enumerados por el profesor argentino son:

> A. Los actos expresivos de la voluntad del supuesto sujeto voluble deben ser inequívocos respecto de su alcance y de la intención de crear o modificar un derecho.
>
> B. La contradicción con el acto anterior debe ser palmaria.
>
> C. La voluntad inicial no debe haber estado viciada.
>
> D. La voluntad plasmada en el primer acto, que luego se pretende contradecir, debe haber sido libre, pues si hubiera sido coaccionada de algún modo, no se aplicaría a este caso la doctrina del *venire contra factum*.

---

de aplicación..., p. 198 *et seq.*

E. Debe darse la identidad de los sujetos que actúan y se vinculan en ambas conductas.

F. La juridicidad de la primera conducta.[179]

A. Los actos expresivos de la voluntad del supuesto sujeto voluble deben ser inequívocos respecto de su alcance y de la intención de crear o modificar un derecho

Por medio de este requisito, se entiende que los actos sujetos a la aplicación de la doctrina de los actos propios deben ser inequívocos, en el sentido de que sean capaces de crear, definir, fijar, modificar, extinguir o esclarecer sin duda alguna una determinada situación jurídica. La aplicación de la regla del *venire* no puede entonces basarse en posibles presunciones sobre la determinada significación de un acto. Vemos que este requisito parece ser asimilable al requisito de relevancia de la conducta al que nos referíamos anteriormente.

Un tribunal español ha dicho que el autor de la conducta quedará vinculado frente al sujeto pasivo en aquellos casos en que sus actos tengan la solidez y consistencia necesaria para deducir de ellos verdaderas manifestaciones de voluntad en términos inequívocos.[180] Un punto importante, puesto de manifiesto por el autor argentino es que, generalmente, la primera conducta vinculante

---

[179] LÓPEZ MESA, Marcelo, *La doctrina de los actos propios: esencia y requisitos de aplicación...*, p. 198 *et seq.*
[180] Tribunal Supremo de España, Sala 6, 4/2/88, ponente: Sr. Moreno Moreno, la Ley, t. 1988-2. p. 228 citada por López Mesa.

se manifiesta a través de un acto. Ahora bien, la falta de acto, es decir, el silencio, también puede obligar a un sujeto y exigirle luego la coherencia con ese silencio.[181] En pocas palabras, una conducta omisiva podría generar expectativas de comportamiento en un sujeto.

B. La contradicción con el acto anterior debe ser palmaria

Mediante este requisito el profesor LÓPEZ MESA pone de manifiesto que la contradicción entre las dos conductas no debe dejar lugar a dudas o a segundas interpretaciones sobre la contradicción.[182] Este requisito trae como consecuencia directa que las conductas no podrán prestarse a interpretación alguna ni podrán ser conciliadas entre ellas.

C. La voluntad inicial no debe haber estado viciada

Tal como explicábamos anteriormente, el profesor LÓPEZ MESA no concibe la aplicación de la doctrina de los actos propios en los casos en que se ha incurrido en algún vicio sustancial. De manera que, para éste, es requisito fundamental de procedencia de la regla del *venire* el hecho de que la primera conducta no esté viciada por un vicio sustancial.[183]

---

[181] Contrario a esta posición *Cfr.* BORDA, Alejandro, *La teoría de los actos propios y el silencio como expresión de la voluntad*, en: Contratación contemporánea, Teoría general y principios, Palestra Editores. Lima, 2000. Pág. 71-89. Ahora bien, debemos ser cautelosos y no confundir al silencio con la doctrina de los actos propios. A fin de cuentas se trata de dos nociones distintas.
[182] LÓPEZ MESA y ROGEL VIDE, *op. cit.,* p. 116.
[183] Véase la sección VII.A.c.

D. La voluntad plasmada en el primer acto debe haber sido libre

Está ligada con el requisito anterior pero se trata de la idea de que el agente de la conducta tiene que haber tenido libertad de acción al momento de llevar a cabo dicha conducta, es decir, no puede haber actuado bajo violencia. En esto ha hecho énfasis la jurisprudencia española y vale la pena transcribir parte de un fallo en este sentido:

> *Son requisitos de los actos propios, entre otros, que sean actos claros y explícitos, que hayan sido adoptados y realizados con plena libertad y que los mismos causen o puedan causar estado por ir dirigidos a crear, modificar o extinguir un hecho opuesto.*[184]

Desde la perspectiva de LÓPEZ MESA, los actos que se realizan bajo presión no pueden ser considerados como actos válidos y por ende ser ratificados por la doctrina de los actos propios. Obviamente, los argumentos que esgrime el profesor argentino con respecto al vicio del error parecen ser aplicables por equivalencia a los actos que adolecen de violencia.

E. Debe darse la identidad de los sujetos que actúan y se vinculan en ambas conductas

Este requisito no aporta mucho en términos prácticos, pues, pareciera ser una mera repetición del supuesto de aplicación

---

[184] Tribunal Supremo de España, Sala 1m 19/06/92, ponente: Sr, Martín Granizo Fernández, Archivo 1992, 3343 citada por López Mesa.

mencionado en el punto VII.C. Tal como veíamos anteriormente, es indispensable para la aplicación de la regla del *venire,* que haya identidad entre el sujeto que realiza la primera conducta y el que luego ejerce la pretensión contradictoria.

F. La juridicidad de la primera conducta

Es obvio que un requisito indispensable para la aplicación de la regla del *venire* es que la primera conducta no puede ser antijurídica, ilícita o inmoral, es decir, que dicha conducta no esté en contradicción con el ordenamiento jurídico. De por sí, esto sería una conducta ineficaz.

Este requisito tampoco pareciera brindar mucho apoyo en términos prácticos pues encuadraría perfectamente dentro de la necesidad de que la conducta sea relevante y eficaz. Así lo ha reconocido el mismo LÓPEZ MESA.[185] Aprovechamos para enfatizar en que –aún cuando parece algo bastante obvio- la juridicidad de la primera conducta es un requisito indispensable para la aplicación de la doctrina de los actos propios.

VIII. EFECTOS Y CONSECUENCIAS DE LA DOCTRINA EN CUESTIÓN

Hemos dicho que la doctrina de los actos propios es una regla de derecho que prohíbe contradecir la propia conducta. Desde un

---

[185] LÓPEZ MESA, Marcelo, *La doctrina de los actos propios: esencia y requisitos de aplicación...,* p. 209.

punto de vista técnico, vale preguntarse cuáles son las consecuencias de su aplicación como sanción.

La doctrina predominante pareciera inclinarse hacia la idea de que la aplicación de la doctrina de los actos propios produce como efecto la inadmisibilidad de la pretensión contradictoria.[186] Es decir, significa un límite a un determinado derecho subjetivo que no podrá ser ejercido en virtud de dicha aplicación.[187] Ahora bien, antes de referirnos a esta idea es conveniente ver algunos planteamientos que han sido desarrollados en la búsqueda de la verdadera sanción producida por la aplicación de la doctrina de los actos propios.

Algunos autores han hablado sobre una posible sanción de indemnización de daños y perjuicios como consecuencia de la aplicación de la doctrina bajo estudio. Ahora bien, debe tenerse en cuenta que el propósito de la regla del *venire* es sancionar la conducta contradictoria mediante su inadmisibilidad. En cambio, la indemnización de daños y perjuicios constituye una sanción al daño como tal.[188] Es por esto que, en nuestra opinión, no podría considerarse que la indemnización de daños y perjuicios sea la verdadera sanción que busca el *venire contra factum*.

---

[186] Es importante destacar que la doctrina de los actos propios ha sido catalogada como un verdadero mandato de naturaleza negativa en vista de que impone una obligación de no hacer que en definitiva se traduce en un límite a los derechos subjetivos *Cfr*. EKDAHL ESCOBAR, *op. cit.*, p. 36.
[187] DIEZ PICAZO, *op. cit.*, p. 186; EKDAHL ESCOBAR, *op. cit.*, p. 260.
[188] PARDO DE CARVALLO, *op. cit.*, p. 60.

Exigir el pago de una suma representativa un determinado daño producido no sería más que la aplicación de las normas relativas a la responsabilidad o a los efectos del hecho ilícito.[189] Nada tiene que ver esto con la doctrina de los actos propios que, como hemos dicho, sanciona la conducta contradictoria más no el daño. Sin embargo, téngase presente que lo anterior no significa que la persona que sufre un daño como consecuencia de una conducta contradictoria no podrá exigir la indemnización de daños y perjuicios a la que haya lugar.[190]

Se ha hablado también sobre la pérdida o privación de un derecho como sanción de la regla del *venire*.[191] Ahora bien, en realidad la sanción que prohíbe ir contra la propia conducta no conlleva la pérdida de un derecho, sino más bien, el límite al ejercicio de un derecho subjetivo.[192] Decimos que no necesariamente conlleva la pérdida de un derecho porque la mayoría de las veces el derecho que se limita tiene varios corolarios que permanecen

---

[189] En este sentido *Cfr.* DIEZ PICAZO, *op. cit.*, p. 246; PARDO DE CARVALLO, *op. cit.*, p. 61.

[190] Es lógico que el sujeto que en violación de una regla jurídica causa un daño a otro será responsable por el daño que ésta haya producido. Habrá que determinar casuísticamente cuál es la naturaleza de la responsabilidad a la que puede haber lugar, dependiendo si el daño proviene de una relación contractual o si por el contrario es producto de una relación en la que no existe vínculo contractual alguno y por ende estaríamos en presencia de una *responsabilidad aquiliana*.

[191] PUIG BRUTAU, *op. cit.*, p. 102; EKDAHL ESCOBAR, *op. cit.*, p. 31 *et seq;* PARDO DE CARVALLO, *op. cit.*, p. 60; DIEZ PICAZO, *op. cit.*, p. 246; MORELLO, Augusto y STIGLITZ, Rubén, *la doctrina del acto propio*, en: Revista La Ley, Buenos Aires, 1984, p. 866; WIEACKER, Franz, *El principio general de la buena fe*, (traducido por: José Luis Carro), Editorial Civitas, Madrid, 1977, pp. 19, 21 y 91.

[192] DIEZ PICAZO, *op. cit.*, p. 186; EKDAHL ESCOBAR, *op. cit.*, p. 260.

intactos. Un buen ejemplo de ello lo expone el Profesor DIEZ PICAZO[193] en el caso del propietario que no puede ejercer la acción negatoria de servidumbre frente a un determinado individuo por constituir un acto contradictorio. Lógicamente, esto no le hace perder su derecho de dominio ni el derecho a ejercer la acción negatoria frente a personas que no se hayan visto afectadas por la conducta previa.

Finalmente, la doctrina predominante pareciera inclinarse hacia la idea de que el efecto principal de la doctrina de los actos propios es el la inadmisibilidad de una pretensión contradictoria.[194] Esto en definitiva comporta una limitación a los derechos subjetivos y no su pérdida. Decimos que limita los derechos subjetivos básicamente porque impide ejercer un derecho que en otro momento o bajo otras circunstancias sí habría podido ejercerse.

En nuestra opinión, la inadmisibilidad de una pretensión contradictoria pareciera ser la correcta calificación del efecto producido por la aplicación de la doctrina de los actos propios al darle al sujeto pasivo la posibilidad de oponerse a la conducta del sujeto activo pero también al brindarle la posibilidad de fundar una demanda basada en la inadmisibilidad de una conducta contradictoria.[195]

---

[193] DIEZ PICAZO, *op. cit.*, p. 247.
[194] MAIRAL, *op. cit.* p. 8; DIEZ PICAZO, *op. cit.*, p. 248.
[195] A favor de la posibilidad de utilizar la regla del *venire* para fundar la existencia de un derecho *Cfr.* PIAGGI, *op. cit.*, p. 114.

IX. SIMILITUDES CON DOS FIGURAS DE DERECHO COMPARADO

1. El Estoppel

El *estoppel* es una institución jurídica que proviene directamente del desarrollo jurisprudencial británico. En los sistemas del *Common Law* existe esta figura de frecuente utilización y con algunas semejanzas pero también con importantes diferencias con respecto al *venire contra factum*. Dicha figura se encuentra situada dentro de las *rules of evidence* o las reglas probatorias y se ha denominado comúnmente como *stoppel* o *estoppel*.

En términos muy generales, el *estoppel* se ha entendido como el principio que prohíbe al sujeto activo alegar o negar la realidad de una apariencia creada *ex profeso*.[196] Por su parte, se ha dicho que el *estoppel* es la *Regla de Derecho anglosajón que desconoce la facultad de afirmar o negar la verdad de ciertos hechos o la existencia de ciertos derechos a quien anteriormente hubiera adoptado una conducta jurídica contraria a sus manifestaciones o actos respecto de tales hechos o derechos.*[197]

Una descripción judicial bastante práctica de la doctrina del *estoppel* fue dada por Lord DENNING en el caso *Moorgate Mercantile Co. Ltd vs. Twitchhings* en el cual sostuvo:

> *Estoppel... is a principle of justice and of equity. It comes to this: when a man by his words or conduct, has*

---

[196] MAIRAL, *op. cit.,* p. 18.
[197] VASCO, Miguel, *Diccionario de Derecho Internacional,* 1986, p. 197.

> *led another to believe in a particular state of affairs, he will not be allowed to go back on it when it would be unjust or inequitable for him to do so.*[198]

Otra definición judicial corta y conveniente fue ofrecida por Lord BIRKENHEAD en el caso *Maclain vs. Gatty*, en el cual el magistrado se pronunció en los siguientes términos:

> *Where A has by his words or conduct justified B in believing that a certain state of facts exists, and B has acted upon such belief to his prejudice, A is not permitted to affirm against B that a different state of facts existed at the same time.*[199]

Vemos que, al igual que el *venire contra factum*, la figura del *estoppel* busca prohibir el ejercicio de cualquier conducta contradictoria con una conducta precedente. Ahora bien, a pesar de las similitudes que puede haber entre el *estoppel* y el *venire contra factum proprium*, no debemos olvidar que se trata de dos instituciones que emanan de sistemas jurídicos muy distintos y cuya evolución han sido producto de razonamiento distintos y tratamientos separados, por lo tanto, su fundamento, naturaleza, requisitos de procedencia y características no pueden ser las mismas.

La doctrina y jurisprudencia anglosajona han elaborado una clasificación de diversos tipos de *estoppel*. Así, a continuación

---
[198] COOKE, *op. cit.*, p. 2.
[199] COOKE, *op. cit.*, p. 25.

resumiremos algunos de los diversos tipos de *estoppel* puestos de manifiesto por la doctrina anglosajona:

1. *Estoppel by matter of record* o *per rem judicatam.* Básicamente se trata de la prohibición de ir contra una cuestión que ya ha sido litigada y decidida por un tribunal. Esta figura, mas que estar relacionada con la regla del *venire,* se vincula con la eficacia material de la cosa juzgada existente en los sistemas de derecho continental. Tal como afirma Diez Picazo *quien ha colaborado mediante su conducta procesal a que un determinado punto litigioso quede fijhado o decidido en una sentencia, no puede después hacer una afirmación que contradiga la sentencia.*[200]

2. *Estoppel* by deed. Se trata de declaraciones hechas en documentos sellados (*deeds*) mediante actos solemnes, las cuales no pueden ser posteriormente desconocidas.

3. *Estoppel* in pais o e*stoppel* by representation. Se ha discutido si ambas figures son exactamente lo mismo o si, por el contrario, éste último es una subdivisión del primero. Independientemente de dicha discusión, se trata básicamente de la imposibilidad que tiene un sujeto de de negar o desconocer el título de su contraparte en un juicio cuando éste ya ha reconocido la existencia de dicho título.

---

[200] DIEZ PICAZO, *op. cit.*, p. 72.

4. *Estoppel* by silence o acquiesence. Este tipo de *estoppel* tendrá aplicación cuando un sujeto pretenda ejercer un derecho después de haber transcurrido un periodo de tiempo que podría ser razonablemente interpretado como una tácita aceptación de la situación que se ha creado.

El punto de partida del *estoppel*

A modo ilustrativo, vale destacar que quizás la diferencia más importante entre el *etoppel* y el *venire contra factum* (quizás por tratarse del fundamento mismo del *estoppel*), es que el *estoppel* busca la protección objetiva de la apariencia jurídica, mientras que, tal como hemos visto en reiteradas ocasiones a lo largo de este trabajo, el *venire contra factum* busca sancionar la pretensión contradictoria protegiendo la confianza objetiva según las exigencias de la buena fe. Así pues, el *estoppel* prohíbe la alegación o prueba de hechos que contradigan una determinada apariencia jurídica que ha sido generada en un individuo y que lo ha llevado a modificar su esfera jurídica en base a dicha apariencia.[201]

Existen además otras diferencias substanciales que quisiéramos mencionar. Se trata del hecho de que para la procedencia del *estoppel* es necesario que la contradicción haya

---

[201] Diez Picazo refiriéndose a la apariencia protegida por el *estoppel* ha dicho: *Es decir, quien crea en otra persona una confianza en una determinada situación aparente e induce con ello a otra persona a obrar en un determinado sentido, sobre la base de esta apariencia a la que ha confiado, no puede después pretender que aquella situación era puramente ficticia y que deba valer la situación real*; DIEZ PICAZO, *op. cit.*, p. 65.

producido un cambio de posición en el sujeto pasivo, es decir, que éste haya actuado en su propio detrimento sobre la base de la apariencia jurídica creada.[202] Se ha dicho que, si la persona que realizó la determinada conducta no llevó a cabo ningún acto modificativo de su conducta anterior, el *estoppel* no se produce.[203] La regla del *venire* no requiere que la persona haya modificado su posición o esfera jurídica, precisamente porque la doctrina de los actos propios sanciona la conducta contradictoria objetivamente percibida independientemente de cualquier modificación que dicha conducta haya podido causar. Aunque, en muchas ocasiones, la confianza que genera un determinado individuo a través de una conducta inicial puede llevar a otro a comportarse de determinada forma y por tanto modificar su posición, sin embargo, ello no es un requisito fundamental.

Adicionalmente, es importante tener en cuenta que el *estoppel* ha sido entendido como una figura netamente procesal.[204] En este aspecto la jurisprudencia anglosajona ha sido reiterada.[205] En tal sentido, en el Derecho inglés no puede obtenerse directamente de un *estoppel* lo que nosotros denominamos efectos de carácter

---

[202] Puede verse que uno de los requisitos del *estoppel* es que: un sujeto, confiando en la buena fe creada por una apariencia jurídica haya modificado su posición anterior. En este sentido *cfr*. EKDAHL ESCOBAR, *op. cit.*, p. 78; MAIRAL, *op. cit.*, p. 20.
[203] DIEZ PICAZO, *op. cit.*, p. 71.
[204] PARDO DE CARVALLO, *op. cit.* pp. 63-64.
[205] La jurisprudencia ha repetido en numerosas ocasiones que: *Estoppel is only a rule of evidence; you cannot found an action upon estoppel. Estoppel is only important as being one step in the progress towards relief on the hypothesis that the defendant is estopped from denying the truth of something which he has sai; Vid.* COOKE, *op. cit.*, p. 24.

sustantivo, en el sentido de que esta figura no crea, modifica o extingue una determinada situación jurídica.

A su vez, es importante señalar que el *estoppel* ha sido generalmente entendido como un medio de defensa (*a shield and not a sword*),[206] el cual ha sido comparado por DIEZ PICAZO con la figura de "excepción", inclusive cuando el mismo autor admite que ambas figuras no siempre coinciden.[207] Ahora bien, la regla del *venire* no es una norma netamente procesal y mucho menos se trata de una excepción aunque la mayoría de las veces actúe como tal.[208]

Además, señala correctamente el maestro español, que el *estoppel* tiene por finalidad única decretar la inadmisibilidad procesal de una alegación y, por esto, decidir únicamente sobre el resultado del proceso conduciendo a la inadmisibilidad de la

---

[206] COOKE, *op. cit.*, p. 119.
[207] DIEZ PICAZO, *op. cit.*, p. 68.
[208] El mismo Diez Picazo en cuanto al carácter de excepción de la regla del *venire* ha dicho: *"Finalmente, la doctrina de los actos propios, si bien es cierto que funciona normalmente como excepción, esto es, como un medio de la defensa del demandado para obtener el enervamiento o la paralización de la acción emprendida contra él por el actor en contracción con su anterior conducta, y para obtener consiguientemente, la desestimación de la demanda. Pero ellos no es necesario: la inadmisibilidad del "venire contra factum" puede proponerse por vía de réplica, precisamente para desvirtuar la defensa del demandado, o como dúplica para paralizar una pretensión o una alegación del actor formuladas al replicar. La inadmisibilidad del "venire contra factum" puede funcionar incluso como fundamento de la demanda, para rechazar preventivamente una posible alegación del demandado."* DIEZ PICAZO, *op. cit.*, p. 168. Ahora bien, hay quienes han afirmado que la regla del *venire* debería hacerse valer como excepción, aunque han reconocido que podría utilizarse como basamento de una demanda por conductas contradictorias. *Cfr.* LÓPEZ MESA, Marcelo y ROGEL VIDE, *op. cit.*, p. 149-150. Por último, vale destacar que existen algunos pronunciamientos de tribunales argentinos que han admitido el uso de la doctrina de los actos propios como fundamento de algunas demandas.

demanda u oposición. De manera que, la naturaleza de medio defensivo de la figura del *estoppel* es precisamente lo que impide al juez aplicar dicha figura de oficio.[209] Ello contrasta claramente con lo que sucede con la doctrina de los actos propios, cuya aplicación de oficio por parte del juez ha sido ampliamente reconocida tanto por la jurisprudencia como por la doctrina comparada.[210]

2. La Verwirkung

En Alemania, tanto la doctrina como la jurisprudencia se han ocupado extensamente de un tema que, como el *estoppel,* guarda estrecha relación con la regla del *venire*. Se trata del *Verwirkung* conocida por los alemanes como la doctrina del "retraso desleal".

Tal como mencionamos cuando nos referíamos a la raíz histórica de la regla del *venire,* la doctrina del *Verwirkung* ha sido entendida como aquella institución que hace inadmisible el ejercicio de un derecho subjetivo y le impide a su titular hacerlo valer por haber dejado transcurrir un lapso de tiempo considerable sin hacer uso de su derecho, originando con este retraso una creencia frente a terceros de que dicho derecho no será ejercido. Ahora bien, tal como lo explican ENNECCERUS y NIPPERDEY, la procedencia de la figura en cuestión, además de la omisión del ejercicio de un derecho durante un periodo de tiempo, requiere que la actuación sea verdaderamente desleal e intolerable.[211]

---

[209] PARDO DE CARVALLO, *op. cit.,* p. 64; DIEZ PICAZO, *op. cit.,* p. 68.
[210] Pueden verse algunos casos en LÓPEZ MESA, *la doctrina de los actos propios en la jurisprudencia...*, p. 107.

Esta doctrina de origen alemán introduce un elemento de suma importancia: el transcurso del tiempo sin que se despliegue una determinada conducta positiva. Es precisamente la conducta omisiva que genera una determinada expectativa de comportamiento lo que le da fundamento a la *Verwirkung*.[212]

Además, el transcurso del tiempo ha sido un elemento fundamental para distinguir entre la doctrina entre la *Verwirkung* y el *venire contra factum*.[213] En cambio, tal como mencionamos en la sección VII.1.A.b, el transcurso del tiempo no es un factor determinante para la aplicación de la doctrina de los actos propios.

Sin lugar a dudas, la *Verwirkung* es una figura que en su planteamiento parece tener estrechas similitudes con el instituto de la prescripción o de la caducidad. Se trata de dos figuras que sancionan el ejercicio de una determinada conducta mediante la cual se ha creado una determinada confianza o expectativa. Ahora bien, la doctrina señala algunas diferencias evidentes entre ambas figuras.[214] Entre las diferencias más notables, podemos señalar que la

---

[211] Ciados por DIEZ PICAZO, *op. cit.* p. 94.

[212] En cambio, en materia del *venire contra factum,* la conducta que genera la expectativa es casi siempre una conducta positiva (aunque no siempre es el caso tal como señalábamos en la sección VII.2.A) que genera en algún sujeto una determinada confianza o convicción de que su contraparte actuará en un determinado sentido.

[213] El profesor Diez Picazo ha dicho: "De la *Verwirkung* se distingue el *venire contra factum proprium,* en que la *Verwirkung* presupone siempre el transcurso de un cierto período de tiempo, mientras que la conducta anterior con la cual el titular no puede ahora ponerse en contradicción, no es preciso que se halle distanciada temporalmente." DIEZ PICAZO, *op. cit.* p. 100.

[214] DIEZ PICAZO, *op. cit.* p. 98.

Verwirkung requiere del ejercicio desleal o abusivo de un derecho que sea intolerable para la parte afectada mientras que la prescripción opera siempre que transcurra el período de tiempo determinado en la Ley. Además de esto, la prescripción es un término definido legalmente mientras que el término para que opere la *Verwirkung* es impreciso.

Las similitudes entre la *Verwirkung* y el *venire contra factum* son indiscutibles. Ahora bien, al igual que ocurre con el *estoppel*, el *venire contra factum* y la *Verwirkung* poseen diferencias evidentes. Hemos dicho que el transcurso de un determinado período de tiempo entre la primera y la segunda conducta no es un factor determinante para la aplicación del *venire contra factum*. En cambio, el transcurso del tiempo y el ejercicio desleal e intolerable de la conducta es precisamente el factor determinante para la procedencia de la *Verwirkung*. El elemento del tiempo hace que ambas figuras deban ser distinguidas y tratadas de forma diferente.

X. ALGUNOS LÍMITES EN TORNO A LA APLICACIÓN DE LA DOCTRINA DE LOS ACTOS PROPIOS

En vista del uso indiscriminado y muchas veces errado de la regla del *venire*, la doctrina comparada se ha encargado de resaltar algunos límites importantes a la aplicación de dicha regla, con la finalidad última de evitar que se cometan injusticias como consecuencia de una errónea e indiscriminada aplicación de dicha regla.[215]

1. **Cumplimiento de los requisitos**

Antes que nada, es importante tener en consideración que la principal y quizás más obvia limitación para la aplicación de la doctrina de los actos propios es la verificación de los requisitos de aplicación antes mencionados. Existe un cúmulo importante de jurisprudencia comparada en la que se ha negado correctamente la aplicación de la doctrina de los actos propios cuando alguno de los requisitos antes señalados no se ha verificado.[216]

2. **Que el caso no pueda subsumirse en otra institución jurídica (*similitudes con otras instituciones*)**

Tal como hemos reiterado, la doctrina de los actos propios es una institución de carácter residual. No es correcto recurrir al *venire contra factum* cuando exista una institución legal que brinde una solución a un caso en particular. Sin embargo, existen numerables instituciones con regulación propia en las que están expresamente permitidos o prohibidos ciertos cambios de conducta[217] y que podrían llegar a confundirse fácilmente con el *venire contra factum*.

---

[215] Particularmente haremos énfasis en algunos de los límites expuestos por el profesor López Mesa en sus obras *la doctrina de los actos propios en la jurisprudencia...*, p. 113 *et seq,* las cuales han sido reiteradas en su obra publicada junto con el profesor Rogel Vide *La doctrina de los actos propios...*, p. 173 *et seq.*
[216] Pueden verse algunas sentencias en EKDAHL ESCOBAR, *op. cit.,* pp. 137 *et seq.*
[217] Más adelante, en la Sección X veremos que existen ciertos límites a la aplicación de la regla en cuestión, entre ellos hemos incluido: (i) que la ley no autorice expresamente el cambio de conducta; y (ii) que no exista una norma expresa que regule una solución para la conducta contradictoria.

Es importante tener en consideración lo anterior para evitar incurrir en confusiones entre una y otra y así evitar la aplicación errónea de la regla del *venire*. Consciente de esto, la doctrina comparada ha dedicado importantes esfuerzos para delimitar la aplicación del *venire contra factum*.[218] Nosotros nos limitaremos referiremos brevemente a algunas de los aspectos que consideramos más importantes con respecto a las figuras de: (i) la eficacia vinculante del negocio; (ii) la renuncia; (iii) la propia torpeza y (iii) la impugnación del contrato nulo en el cual una de las partes ha prestado su aquiescencia para la ejecución del contrato.[219]

A. La eficacia vinculante del negocio

Mucho se ha discutido en doctrina comparada sobre el negocio jurídico.[220] STOLFI ha lo ha definido como *la manifestación*

---

[218] Puede verse por ejemplo como Diez Picazo delimita la doctrina de los actos propios con respecto a: la eficacia vinculante del negocio jurídico, los hechos concluyentes y las declaraciones tácitas de voluntad, la conducta interpretativa, la prestación de buena fe, la renuncia, la *exceptio doli*, la impugnación de un negocio ineficaz, la confesión extrajudicial y la preclusión *Cfr*. DIEZ PICAZO, *op. cit.*, pp. 145-80.

[219] Esta referencia asilada a las instituciones a las que nos referimos no quiere decir que éstas sean las únicas que podrían prestarse a confusión. Por ejemplo, vemos en la doctrina comparada intentos de distinción con: la buena fe, el silencio, el abuso de derecho, las declaraciones tácitas de voluntad, la *exceptio doli*, el negocio jurídico, la apariencia jurídica, entre otras.

[220] A modo de referencia con respecto al negocio jurídico puede verse en Italia entre otros a: BETTI, Emilio, *Teoría generale del negozio giuridico*, 2 edizione, Torino, 1955; STOLFI, Giuseppe, *Teoría del Negozio Giuridico*, Casa Editrice Dott. Antonio Milano, Padova, 1961, p. 1; SCOGNAMIGLIO, Renato, *Contributo alla teoría del negozio giuridico*, 2da. Edizione, Casa Editrice Dott. Eugenio Jovene, Napoli, 1969; COLAGROSSO, Enrico, *Teoria Generale Delle Obligazioni e dei Contrati*, Terza edizione riveduta e ampliata, Casa Ed. Stamperia Nazionale, Roma, 1948, p.196; MESSINEO, Francesco, *Manual de Derecho Civil y Comercial*, T. II (Doctrinas Generales), Traducción de Santiago Sentís Melendo,

de voluntad de una o más partes dirigida a producir un determinado efecto jurídico.[221] Una característica fundamental del negocio jurídico es precisamente su eficacia vinculante, la cual obliga a las partes del negocio a los términos del mismo. Teniendo esto en cuenta, se ha llegado a afirmar en algunas sentencias comparadas que, cuando un individuo trata de apartarse o desconocer el negocio jurídico que el mismo ha celebrado, dicho individuo estaría yendo en contra de sus propios actos en tanto que estaría contradiciendo lo que él mismo ha declarado. Ahora bien, lo cierto es que en aquellos casos en que un individuo pretende desconocer el contenido de un negocio jurídico y por tanto contradecir su acto propio (la declaración de voluntad) no es necesario invocar la doctrina de los actos propios, pues, es precisamente la eficacia vinculante del negocio jurídico lo que hace que dicho individuo esté obligado por el mismo.[222]

B. La renuncia

Con respecto al tema de la renuncia tácita debemos decir que si bien la regla del *venire* y la renuncia pudieron llegar a confundirse en algún momento histórico, hoy en día tenemos suficientes elementos para no incurrir en el error de confundirlas. Basta con observar los argumentos expuestos por el profesor PUIG BRUTAU para darnos cuenta de esto.

Ediciones Jurídicas Europa, Argentina, 1979, p.338.
[221] STOLFI, *op. cit.*, p. 1.
[222] DIEZ PICAZO, *op. cit.,* p. 144-48; véase además *Supra* nota 132 para la opinión de García De Enterría al respecto.

Puig Brutau ha dicho que una verdadera renuncia, bien sea, manifestada de forma tácita o que esté implícita en determinada conducta constituye una manifestación de voluntad de abandonar el derecho renunciado. Mientras que, en la regla del *venire* el efecto que se produce no se apoya en la voluntad de abandono del derecho sino más bien en una norma de derecho y sin menoscabo de que sea contra la voluntad de los propios interesados.[223] Por último, podemos agregar un elemento evidente y es que la renuncia tiene efectos *erga omnes* mientras que la regla *venire contra factum* los tiene *inter partes*.

C. De la máxima Nemo auditur propriam turpitudinem allegans

El *venire contra factum* presta incuestionables similitudes con la máxima *Nemo auditur propriam turpitudinem allegans* puesto que en ambas instituciones existe una contradicción de conductas.

Ahora bien, existe una diferencia importante entre ambas: el sujeto que invoca la propia torpeza intenta desconocer un primer acto pero se le impide debido a su propia responsabilidad en la irregularidad del negocio. En cambio, la aplicación de la regla del *venire* tiene en cuenta la conducta contradictoria sin interesarle la existencia de la intención del sujeto que lleva acabo la conducta.

---

[223] PUIG BRUTAU, *op. cit.*, p. 102.

D. La impugnación del contrato nulo en el cual una de las partes ha prestado su aquiescencia para la ejecución del contrato

Con respecto a la aplicación de la doctrina de los actos propios en los casos de impugnación del contrato nulo debemos reconducirnos a los argumentos expuestos anteriormente cuando hablábamos de la eficacia vinculante del negocio jurídico. Para entender esto, es necesario comprender la relación que existe entre la confirmación tácita y la impugnación de un negocio ineficaz. Es frecuente observar casos en los que dos o más sujetos celebran un contrato nulo y después de haber prestado su aquiescencia en la ejecución del contrato una de las partes pretende impugnar el mismo.

En repetidas oportunidades, estos casos han sido resueltos por decisiones jurisprudenciales comparadas[224] a través de la aplicación del *venire contra factum,* alegando que existe una confirmación tácita del contrato nulo y por tanto no podría venirse contra los actos propios. Es evidente y de suma importancia para comprender el argumento que pretendemos hacer, tener presente la correlación que existe en este contexto en particular entre la regla del *venire,* la impuganción del contrato nulo y la confirmación tácita.

Decíamos que algunos tribunales han resuelto que en aquellos casos en que un sujeto preste su aquiescencia en la ejecución de un contrato nulo, dicho sujeto no podrá posteriormente impugnar el contrato por ineficaz porque estaría yendo contra sus

---

[224] *Vid.* DIEZ PICAZO, *op. cit.,* pp. 170-80.

propios actos. Es indiscutible que una persona que impugna un contrato nulo que él mismo ha celebrado, en cierta forma, está contradiciendo su conducta previa. Ahora bien, es aquí donde debemos reconducirnos a los argumentos que esgrimíamos con anterioridad y decir que en vista de la disposición contenida expresamente en el artículo 1.351 de nuestro Código Civil, mediante la cual se regula el tema de la confirmación tácita del contrato nulo, no cabe duda que al menos en lo que concierne específicamente aquellos casos de confirmación tácita de un contrato nulo, la aplicación de la regla del *venire* no es la solución correcta. Por el contrario, deberá recurrirse a las normas concernientes a la confirmación tácita previstas en nuestro Código Civil.[225]

Así, el *venire contra factum* no debe ser aplicado en los casos en que proceda la confirmación tácita de un contrato nulo en los cuales la prohibición de impugnar dicho contrato vendrá dada por la confirmación misma.[226]

Teniendo en cuenta las consideraciones anteriores no nos queda más que advertir sobre el cuidado que debe ponerse al momento de determinar en cada caso en concreto la procedencia del *venire contra factum*. En tal sentido, es trascendental llevar a cabo

---

[225] Evidentemente, estas reglas no aplicarán a aquellos contratos de orden público que no permitan convalidación.

[226] Téngase en cuenta que nuestro Código Civil exige unos requisitos de forma y de fondo bien claros para los actos de confirmación. En aquellos supuestos en que no sea procedente la confirmación en los términos establecidos en el Código, pensamos que podría llegar a impedirse la impugnación de un contrato nulo a través de la doctrina de los actos propios.

un análisis minucioso para cada caso en particular, que nos permita determinar con precisión la existencia o no de una solución jurídica expresamente consagrada por el legislador o si, por el contrario, es posible recurrir a la doctrina de los actos propios para resolver el caso particular.

3. No Debe Aplicarse Cuando el Cambio de la Conducta Está Autorizado por la Ley

Por otro lado, por tratarse el *venire* de una regla que no es de carácter absoluto, no podría pretenderse la aplicación de dicha regla en los casos en que el cambio de conducta está expresamente permitido por la ley. Así pues, cuando el legislador ha permitido un cambio de conducta o incluso la contradicción de la conducta de un individuo la doctrina de los actos propios no tiene cabida.

En este sentido, podemos señalar las siguientes normas del Código Civil como ejemplos de situaciones en las cuales el legislador ha permitido un cambio de conducta por parte del sujeto activo:

El Artículo 990 del C.C. establece: *"Todo testamento puede ser revocado por el testador, de la misma manera y con las mismas formalidades que se requieren para testar."*

El Artículo 1.018 del C.C. establece: *"Mientras el derecho de aceptar una herencia no se haya prescrito, los herederos que la hayan renunciado pueden aceptarla, si no ha sido aceptada por otros herederos, sin perjuicio de los derechos adquiridos por terceros sobre los bienes de la herencia, tanto en virtud de prescripción como de actos válidamente ejecutados con el curador de la herencia yacente".*

El Artículo 1.137 del C.C. establece: *"(...) El autor de la oferta puede revocarla mientras la aceptación no haya llegado a su conocimiento. La aceptación puede ser revocada entre tanto que ella no haya llegado a conocimiento del autor de la oferta."*

El Artículo 1.146 del C.C. establece: *"Aquel cuyo consentimiento haya sido dado a consecuencia de un error excusable, o arrancado por violencia o sorprendido por dolo, puede pedir la nulidad del contrato".*

El Artículo 1.404 del C.C. establece: *"La confesión judicial o extrajudicial no puede dividirse en perjuicio del confesante. Este no puede revocarla si no prueba que ella ha sido resultado de un error de hecho. No puede revocarse so pretexto de un error de derecho".*

El Artículo 1.417 del C.C. establece: *"La parte que ha deferido el juramento puede retractarse mientras que su adversario no haya declarado que lo acepta o lo refiere, o mientras que no haya recaído decisión irrevocable sobre la admisión del juramento".*

El Artículo 1.459 del C.C. establece: *"La donación puede revocarse por causa de ingratitud del donatario o por supervivencia de hijos".*

El Artículo 1.460 del C.C. establece: *"El donante puede revocar la donación por las mismas causas de indignidad para suceder a que se refiere el artículo 810 y porque el donatario rehúse indebidamente dar alimentos al donante, aun en el caso de que no sea de las personas que están obligadas a prestarlo".*

El Artículo 1.462 del C.C. establece: *"Las donaciones hechas por personas que no tengan o ignoren tener hijos o descendientes vivos al tiempo de la donación, pueden revocarse por la superveniencia o existencia de un hijo o descendientes del donante, aunque sean póstumos, con tal que hayan nacido vivos".*

El Artículo 1.706 del C.C. establece: *"El mandante puede revocar el mandato siempre que quiera, y compeler al mandatario a la devolución del instrumento que contenga la prueba del mandato."*

El Artículo 1.732 del C.C. establece: *"Si antes del término convenido o antes de que haya cesado la necesidad del comodatario, sobreviniere al comodante una necesidad urgente e imprevista de servirse de la cosa, podrá obligar al comodatario a restituirla."*

El Artículo 1.904 del C.C. establece: *"Mientras no se haya pronunciado la adjudicación, el tercer poseedor podrá recuperar el inmueble abandonado por él."*

4. No debe Aplicarse Cuando Exista una Norma que Regule una Solución para la Conducta Contradictoria

No puede pretenderse la aplicación de la regla del *venire* cuando exista una norma expresa que resuelva o prescriba una solución en cuanto a la conducta contradictoria.[227] En definitiva, nos remitimos a lo que hemos dicha ya sobre el carácter residual de la doctrina de los actos propios y enfatizamos sobre el hecho de que dicha doctrina sólo será aplicable cuando no existe una disposición legal que regule la conducta contradictoria bien para negarla o para permitirla. Es lógico que cuando el propio legislador ha permitido expresamente la contradicción, la doctrina de los actos propios no tendrá aplicación tal y como señalábamos en el punto anterior. Por otro lado, tampoco es aplicable la doctrina de los actos propios cuando el propio legislador prohíbe o sanciona la conducta contradictoria. La razón de esto es muy sencilla. No tiene sentido aplicar una norma de carácter residual para resolver un supuesto que la ley expresamente contempla. Hacer esto equivaldría aplicar una doble sanción innecesaria a un supuesto determinado.[228]

Podemos señalar como ejemplo de disposiciones que prohíben contradecir la propia conducta los siguientes Artículos:

El Artículo 1.051 C.C. que establece: *"Los acreedores y los legatarios que hayan aceptado al heredero por deudor, no tienen derecho a la separación."*

---

[227] LÓPEZ MESA, *la doctrina de los actos propios en la jurisprudencia...*, p. 128.
[228] *Id.*

El Artículo 707 del C.C. que establece: *"(...) Cuando por contrato, o de cualquier otra manera, se haya adquirido el derecho de tener vistas rectas sobre el predio del vecino, el propietario de este predio no podrá edificar a menos de tres metros de distancia, medidos como se ha dicho en el párrafo anterior."*

El Artículo 739 del C.C. que establece: *"(...) Cuando el agua se haya concedido, reservado o poseído para un uso determinado, con la obligación de restituir al concedente o a otro lo que quede, no podrá cambiarse este uso en perjuicio del fundo al cual se deba la restitución".*

XI. CONCLUSIONES GENERALES

1. En términos resumidos la máxima jurídica *venire contra factum proprium non valet* comprende una regla de derecho derivada del principio general de la buena fe según la cual a nadie le es válido contradecir la propia conducta cuando ha generado en otro la expectativa de un determinado comportamiento.

2. La regla del *venire* tiene como principal efecto sancionar la contradicción de la propia conducta.

3. La prohibición de llevar a cabo una conducta contradictoria constituye un evidente límite a los derechos subjetivos.

4. La doctrina de los actos propios sanciona aquellas situaciones en las que un individuo genera una determinada confianza en su

contraparte y luego destruye esa confianza al pretender hacer valer una pretensión contradictoria con su conducta precedente.

5. La buena fe es un principio general de derecho en Venezuela que aplica a todas las relaciones jurídicas, incluso cuando no exista una norma expresa que así lo establezca.

6. El *venire contra factum* no cuenta con los requisitos necesarios para calificar como un verdadero principio general del derecho. En cambio, se trata de una regla de derecho que admite excepciones.

7. El *venire contra factum* es una regla de carácter residual. Así pues, existen algunas limitaciones claras a la procedencia de dicha regla.

8. La regla del *venire* tiene unos presupuestos de aplicación específicos, que deben ser analizados con detenimiento, caso por caso, para determinar si realmente puede aplicarse la regla en cuestión. Es fundamental tener en consideración que el uso desmesurado de esta institución por parte de nuestros tribunales puede prestarse a un sinfín de injusticias. Por eso advertimos sobre la importancia de verificar minuciosamente los supuestos de aplicación y las circunstancias relevantes para la aplicación de la regla en cuestión en cada caso en particular.

9. La regla del *venire* no sólo actúa como una excepción. Puede usarse como una acción e incluso como el fundamento de una demanda.

10. La regla del *venire* puede ser declarada de oficio por el juez.

11. Existe un gran número de instituciones jurídicas que presentan una estrecha relación con la regla del *venire* y por tanto su distinción puede prestarse a confusiones. Los operadores de justicia deben actuar con gran prudencia en los casos de más difícil asimilación de la regla.

12. La doctrina de los actos propios no está cerca de haber sido reconocida por el legislador venezolano de manera positiva. Su existencia, desarrollo y proliferación va a depender del desarrollo jurisprudencial y doctrinario de dicha institución.

XII. Bibliografía

Doctrina:

- ALBERTI, Edgardo M., Prólogo a *Doctrina de los actos propios* de José Luis AMADEO, Editorial La Ley, Buenos Aires, 1986.

- ANNICCHIARICO José y MADRID, Claudia, *El Derecho de los Contratos en Venezuela: hacia los principios latinoamericanos de derecho de los contratos,* en: Derecho de las Obligaciones (Coordinadora: Claudia Madrid) Homenaje a José Melich Orsini, Academia de Ciencias Políticas y Sociales.

- ANZOLA, Eloy, *El deber de buena fe en los contratos: ¿puede el franquiciante competir con su franquiciado?,* en: VVAA, El Código Civil venezolano en los inicios del siglo XXI, Academia de Ciencias Políticas y Sociales, Caracas, 2005.

- BARROS, Enrique, *Reglas y principios en el derecho,* en: Anuario de Filosofía Jurídica y Social N° 2. Valparaíso, 1984.

- BERMÚDEZ, José Rafael y MADRID, Claudia, *Usos y costumbres: más allá del arbitraje y la lex mercatoria,* en: Temas Generales de Derecho Mercantil, libro homenaje a Alfredo Morles Hernández, Publicaciones UCAB, Tomo I, Caracas, 2012.

- BERNAL FANDIÑO, Mariana, *el deber de coherencia en los contratos y la regla del venire contra factum, proprium,* en: Revista Universitas, Universidad Javeriana, Bogotá, 2008.

- _____, Mariana, *La doctrina de los actos propios y la interpretación del contrato,* Universitas, núm. 120, enero-junio, 2010, Disponible en Internet: http://www.redalyc.org/src/inicio/ArtPdfRed.jsp?iCve=82519016011. ISSN 0041-9060.

- BETTI, Emilio, *Teoría generale del negozio giuridico,* 2 edizione, Torino, 1955.

- BORDA, Alejandro, *La teoría de los actos propios*, Abeledo Perrot, Buenos Aires, 2000.

- _____, Alejandro, *La teoría de los actos propios y el silencio como expresión de la voluntad*, en: Contratación contemporánea, Teoría general y principios, Palestra Editores. Lima, 2000.

- _____, Alejandro, *La teoría de los actos propios: un análisis desde la doctrina argentina,* Disponible en internet en: http://reigadaborda.com.ar/EN/publications/alejandro_borda/Teoria-Actos-Propios-para-Chile.pdf.

- BRECCIA, Umberto, *Diligenza e buona fede nell'attuazione del rapporto obbligatorio*, Giuffrè, 1968.
- BUSNELLI, Francesco, *Buona fede in senso soggettivo e responsabilitá per fatto "in giusto"*, en: Rivista di Diritto Civile, 1969.

- CARNELLUTI, Francesco, *Sistema di diritto processuale civile, I. Funzione e composizione del proceso,* Padova, 1963.

- CASTILLO FREYRE, Mario y SABROSO MINAYA, Rita, *La teoría de los actos propios ¿regla o principio de derecho?* En: Revista de Derecho del Perú No. 94, Lima, diciembre de 2008.

- COLMAN, Eduardo, *La protección de la confianza legítima en el derecho español y venezolano,* Fundación de Estudios de Derecho Administrativo, Caracas, 2011).

- COLAGROSSO, Enrico, *Teoria Generale Delle Obligazioni e dei Contrati,* Terza edizione riveduta e ampliata, Casa Ed. Stamperia Nazionale, Roma, 1948, p.196;

- COOKE, Elisabeth, *The modern law of estoppel,* Ofxord University Press, New York, 2000.

- CORRAL TALCIANI, Hernán, *La raíz histórica del adagio "Venire contra factum proprium non valet*, en: venire contra factum proprium: escritos sobre la fundamentación, alcance y limites de loa doctrina de los actos propios, Cuadernos de Extensión, Universidad de los Andes, 2010.

- DE LA PUENTE LAVALLE, Manuel, *La doctrina de los actos propios,* en: Estudios de Derecho Civil Obligaciones y Contratos: Libro Homenaje a Fernando Hinestrosa, Tomo I, Universidad Externado de Colombia, Bogotá, 2003.

- _____, *La fuerza de la buena fe*, en: Contratación contemporánea, Teoría general y principios, Palestra Editores. Lima, 2000.

- DE LOS MOZOS, José Luis, *El principio de la buena fe,* Bosch, Barcelona, 1965.

- DEL VECCHIO, G., *Los principios generales del Derecho,* (trad. De Ossorio Morales), ARA Editores, Perú, 2006.

- DIEZ PICAZO, Luis, *La doctrina de los actos propios; un estudio crítico sobre la jurisprudencia del tribunal supremo*, Editorial Bosch, Barcelona, 1962.

- DIEZ PICAZO, Luis y GULLÓN, Antonio, *Sistema de Derecho Civil,* Sexta Edición, Editorial Tecnos, Volumen I, 1988, Madrid.

- DOMINICI, Aníbal, *Comentarios al Código Civil Venezolano: reformado en 1896*, Editorial Rea, Tomo II, Caracas, 1962.

- EKDAHL ESCOBAR, María Fernanda, *La doctrina de los actos propios; el deber jurídico de no contradecir conductas propias pasadas,* Editorial Jurídica de Chile, Santiago de Chile, 1989.

- EGAÑA, Manuel Simón, *Notas de introducción al derecho,* Editorial Criterio, Tercera Reimpresión, Caracas, 1984.

- ENNECCERUS, Ludwig, *Tratado de derecho Civil,* 13va edición, revisada y traducida al castellano por Hans C. Nipperdey, Tomo I, Vol. II, Buenos Aires, 1948.

- FERREIRA RUBIO, Delia Matilde, *La buena fe: el principio general en el derecho civil,* Editorial Montecorvo, S.A., Madrid, 1984.

- FUEYO LANERI, Fernando, *Instituciones de derecho civil moderno,* Editorial Jurídica de Chile, Santiago, 1990.

- GALOPPINI, Annamaria, *Appunti sulla rilevanza della regola di buona fede in materia di responsabilitá extracontrattuale,* en: Rivista Trimestrale di Diritto e Procedura Civile, 1965.

- GARCIA DE ENTERRÍA, Eduardo y FERNÁNDEZ, Tomás-Ramón, *Curso de derecho administrativo,* Civitas Ediciones, 12 edición, Tomo I, Madrid, 2004.

- GARCÍA DE ENTERRÍA, Eduardo, *La doctrina de los actos propios y el sistema de lesividad,* en: Revista de Administración Pública, No. 20, Madrid, 1956.

- GARCÍA MAYNEZ, Eduardo, *Introducción al estudio del derecho,* editorial Porrua, México D.F., 1980.

- GHESTIN, Jaques, *Le contrat,* T. II (Traité de Droit Civil dirigido por Ghestin), L.G.D.J., Paris, 1980.

- GIAMPICCOLO, Giorgio, *Studi sulla buena fede,* Giuffrè, Milán, 1975.

- GIRAL PIMENTEL, José Alfredo, *El Contrato Internacional,* Editorial Jurídica Venezolana, Caracas, 1999.

- GOZAÍNI, Osvaldo, *La conducta en el proceso,* Platense, La Plata, 1988.

- GUERRERO BRICEÑO, Fernando, *Algunas consideraciones en torno a la buena fe en el Derecho Mercantil venezolano,* en: Temas Generales de Derecho Mercantil, libro homenaje a Alfredo Morles Hernández, Publicaciones UCAB, Tomo I, Caracas, 2012.

- HERNÁNDEZ BRETÓN, Eugenio, *Propuesta de actualización de los sistemas latinoamericanos de contratación internacional,* en: Revista de la Fundación de la Procuraduría General de la República, No. 12, Fundación de la Procuraduría General de la República, Caracas, 1995.

- JALUZOT, Beatrice, *La bonne foi dans les contrats: Etude comparative de droit francais, allemand et japonais*, Dalloz, Paris, 2001.

- LÓPEZ MESA, Marcelo, *La doctrina de los actos propios en la jurisprudencia: la utilidad de las normas abiertas el ocaso del legalismo estricto y la nueva dimensión del juez,* Ediciones Depalma, Buenos Aires, 1997.

- _____, Marcelo, *La doctrina de los actos propios: esencia y requisitos de aplicación,* en: Universitas (Homenaje a Luis Carlos Galán Sarmiento), No. 119, 2009.

- LÓPEZ MESA, Marcelo y ROGEL VIDE, Carlos, *La doctrina de los actos propios,* Editorial Reus, Madrid, 2005.

- LOUSSOUARN, Ivon, *La buena,* en: Tratado de la Buena fe en el derecho, La Ley, Argentina, T. II. 2005, p. 9.

- LUPINI BIANCHI, Luciano, *La responsabilidad precontractual en Venezuela,* en: Revista del Colegio de Abogados del Distrito Federal, No. 149, Tercera Etapa, Caracas, 1991.

- _____, *Notas sobre la teoría de la imprevisión en derecho civil,* en: Homenaje a Aníbal Dominici, Ediciones Liber, 2008.

- MADRID, Claudia, *La norma de Derecho Internacional Privado*, Universidad Central de Venezuela, Caracas, 2004.

- _____, *Un contrato internacional sometido al derecho venezolano y la lex mercatoria,* en: Derecho de las Obligaciones

(Coordinadora: Claudia Madrid) Homenaje a José Melich Orsini, Academia de Ciencias Políticas y Sociales.

- MADURO LUYANDO, Eloy y PITTIER SUCRE, Emilio, *Curso de Obligaciones. Derecho Civil III,* Universidad Católica Andrés Bello, T. I y II, Caracas, 1999.

- MAEKELT, Tatiana, *aplicación práctica de los principios UNIDROIT en el sistema venezolano de derecho,* en: Carlos Febres Fajardo (Coordinador): El derecho internacional en tiempos de globalización, Libro homenaje a Carlos Febres Pobeda, Tomo I, ULA, Mérida.

- MAIRAL, Hector, *La Doctrina de los actos propios y la administración pública,* Ediciones Depalma, Buenos Aires, 1994.

- MANS PUIGARNAU, *Los principios generales del Derecho. Repertorio de reglas, máximas y aforismos jurídicos con la jurisprudencia del Tribunal Supremo de Justicia,* Bosch, Barcelona, 1947.

- MELICH ORSINI, José, *Doctrina General del Contrato,* 4ta edición ampliada y corregida, Academia de Ciencias Políticas y Sociales, Caracas, 2006.

- _____, *Los tratos y negociaciones dirigidos a la posible formación de un contrato,* en: Derecho de obligaciones en el nuevo milenio, Academia de Ciencias Políticas y Sociales, Caracas, 2007.

- _____, *La interpretación y la integración de los contratos,* separata del Boletín de la Academia de Ciencias Políticas y Sociales, Nos. 107-110, Caracas, enero-diciembre de 1987.

- MESSINEO, Francesco, *Il contratto in genere*, Vol. I, Milán, Giuffré, 1973.

- _____, Francesco, *Manual de Derecho Civil y Comercial,* T. II (Doctrinas Generales), Traducción de Santiago Sentis Melendo, Ediciones Jurídicas Europa, Argentina, 1979, p.338.

- MINOPRIO, César Carlos, *El boleto de compraventa, el ejercicio abusivo del derecho y la prohibición de ir en contra de los propios actos*, en: Revista del Notariado, nro. 742.

- MORALES HERVIAS, Rómulo, *La doctrina de los actos propios entre negocio jurídico y el contrato. Historia de una importación impracticable e injusta*, Derechovirtual.com, Abril-Junio 2006, Lima, Asociación Civil Impulso Legal Peruano, disponible en: http://works.bepress.com/cgi/viewcontent.cgi?article=1004&context=romulo_moraleshervias.

- MORELLO, Augusto y STIGLITZ, Rubén, *Inaplicabilidad de la doctrina del acto propio a la declaración viciada por falta de libertad y por violencia*, en: Revista La Ley del 10/08/04, 1 (DJ 2004-II-1241).

- _____, *la doctrina del acto propio*, en: Revista La Ley, Buenos Aires, 1984.

- MORLES HERNÁNDEZ, Alfredo, *Curso de derecho mercantil*, Tomo IV, UCAB, Caracas, 2007.

- _____, Alfredo, *Curso de derecho mercantil*, Tomo I, UCAB, Caracas, 2007.

- NATOLI, Ugo, *Note preliminari ad una teoría dell' abuso del diritto nell' ordinamento giuridico italiano*, en: Rivista Trimestrale di Diritto e Procedura Civile, 1958.

- NEME VILLARREAL, Martha, *Buena fe subjetiva y buena fe objetiva. Equívocos a los que conduce la falta de claridad en la distinción de tales conceptos*, en: Revista de Derecho Privado, Departamento De Publicaciones Universidad Externado De Colombia, No. 17, 2009.

- OCHOA MUÑOZ, Javier, *Aplicación de la Lex Mercatoria, Artículo 31*, en: Tatiana B. de Maekelt, Ivette Esis Villarroel, Carla Resende (Coordinación), Ley de Derecho Internacional Privado

Comentada, Universidad Central de Venezuela, Tomo II, Caracas, 2005.

- OLAZO, Luis María, *Curso de introducción al derecho: introducción a la teoría general del derecho,* Tomo II, Universidad Católica Andrés Bello, Caracas, 2007.

- PARDO DE CARVALLO, Inés, *La doctrina de los actos propios,* en: Revista de la Facultad de Valparaiso, 1991-1992.

- PARRA ARANGUREN, Gonzalo, *Aspectos de derecho internacional privado en los principios para los contratos mercantiles internacionales elaborados por el UNIDROIT,* en: Gonzalo Parra Aranguren, Estudios de Derecho Mercantil Internacional, UCV, Caracas, 1998.

- PÉREZ LUÑO, Antonio-Enrique, *Los principios generales del derecho: ¿un mito jurídico?,* en: Revista de Estudios Políticos, Madrid, núm. 98, 1997.

- PIAGGI, Ana, *Reflexiones sobre dos principios basilares del derecho: La buena fe y los actos propios,* en: Tratado de la Buena fe en el derecho, La Ley, Argentina, T. I, 2005, p. 111.

- PUIG BRUTAU, José, *La doctrina de los actos propios,* en: Estudios de derecho comparado, Barcelona, 1951.

- RODNER, James-Otis, *El Dinero,* 2da edición, Academia de Ciencias Políticas y Sociales, Caracas, 2005.

- _____, *Los principios de Unidroit su aplicación en Venezuela y en el arbitraje Comercial internacional,* en: Irene de Valera (Coordinadora), Arbitraje Comercial Interno e Internacional. Reflexiones teóricas y experiencias prácticas, Academia de Ciencias Políticas y Sociales, Caracas, 2005.

- RODRÍGUEZ MATOS, Gonzalo, *La buena fe en la ejecución del contrato,* en: Temas de Derecho Civil, <u>Homenaje a Andrés Aguilar</u>

Mawdsley, Colección Libros Homenajes, No. 14, Tribunal Supremo de Justicia, Caracas, 2004.

- RONDÓN DE SANSÓ, Hildegard, *Confianza Legítima y el Principio de Precaución en el Derecho Administrativo,* Caracas, 2006.

- SACCO, Rodolfo, *Il fatto, látto, il negozio,* en: Trattato di diritto civile diretto da Rodolfo Sacco, UTET Giuridica, Turín, 2005, p .255.

- SANOJO, Luis, *Instituciones de derecho Civil Venezolano,* Imprenta Nacional, reimpresión de la 1era edición, Tomo III, Caracas, 1872.

- SANTOS BRIZ, Jaime, *Tendencias modernas del derecho de obligaciones,* en: Revista de Derecho Privado Español, Tomo XLIV, Barcelona, 1960.

- SCOGNAMIGLIO, Renato, *Dei Contratti in Generale,* en: Commentario del Codice Civile de Scialoja y Branca (art. 1321-1352), Bolonia-Roma, 1970.

- _____, *Contributo alla teoría del negozio giuridico,* 2da. Edizione, Casa Editrice Dott. Eugenio Jovene, Napoli, 1969.

- STOLFI, Giuseppe, *Teoría del Negozio Giuridico,* Casa Editrice Dott. Antonio Milano, Padova, 1961.

- URDANETA FONTIVEROS, Enrique, *El error el dolo y la violencia en la formación de los contratos,* Academía de Ciencias Políticas y Sociales, Caracas, 2009.

- VASCO, Miguel, *Diccionario de Derecho Internacional,* 1986, p. 197.

- VELANDIA PONCE, Rómulo, *Del dolo Civil al Fraude Procesal,* en: Nuevos Estudios de Derecho Procesal, libro homenaje a Andrés Fuenmayor, Tomo II, Caracas, 2002.

- VIVES, Luis María, *La Doctrina de los actos propios*, L.L.t.1987

- WIEACKER, Franz, *El principio general de la buena fe,* (traducido por: José Luis Carro), Editorial Civitas, Madrid, 1977.

Jurisprudencia:

- Sentencia de la Sala A de la Cámara Civil y Comercial de Trelew del 30 de septiembre de 2008 (caso: P/.N. Elizabeth vs. G. Claudio) registrada bajo el No. 62 – voto salvado del Dr. López Mesa.

- Sentencia del Juzgado Tercero de Primera Instancia en lo Civil, Mercantil y del Tránsito de la Circunscripción Judicial del Estado Lara del 19 de octubre de 2006 disponible en internet en: http://jca.tsj.gov.ve/decisiones/2006/octubre/653-19-KP02-R-2003-221-.html.

- Sentencia del Juzgado Superior Civil Y Contencioso Administrativo De La Region Centro Occidental a del 10 de diciembre de 2003 disponible en internet en: http://lara.tsj.gov.ve/decisiones/2003/diciembre/648-10-KP02-N-2002-000253-7294.html

- Sentencia de la Corte Suprema de Justicia, Sala Político Administrativa, No. 605, 9 de octubre de 1997 en: Revista de la Facultad de Ciencias Jurídicas y Políticas No. 109, Universidad Central de Venezuela, Caracas, 1998.

- Tribunal Supremo de España, Sala 1m 19/06/92, ponente: Sr, Martín Granizo Fernández, Archivo 1992, 3343 citada por López Mesa.

- Tribunal Supremo de España, Sala 6, 4/2/88, ponente: Sr. Moreno Moreno, la Ley, t. 1988-2.

- Corte Suprema de Justicia de Colombia, Sala de Casación Civil Magistrado: Pedro Octavio Munar Cadena (Exp. 11001 3103 025

2001 00457 01) (Caso: Constructora Safinsa vs. Banco Comercial Av. Villas) del 24 de enero de 2011.

- Decisión interlocutoria dictada por el Juzgado Primero de Primera Instancia en lo Civil, Mercantil, del Tránsito y Bancario de la Circunscripción Judicial del Estado Cojedes (caso: Ana Mercedes Aponte), 23 de septiembre de 2008, disponible en: http://cojedes.tsj.gov.ve/decisiones/2008/septiembre/1531-23-10.435-.html.

- Sentencia del Juzgado Superior Civil y Contencioso Administrativo de la Región Centro Occidental (caso: José Nicolás Añez vs. Municipio Iribarren), 12 de mayo de 2004 disponible en: http://lara.tsj.gov.ve/decisiones/2004/mayo/648-12-KP02-N-2003-698-8475.html

- Sentencia del Juzgado Superior Civil y Contencioso Administrativo de la Región Centro Occidental (caso: Elia Maritza Piñango de Piñango vs. UNEXPO), 10 de diciembre de 2003, disponible en: http://lara.tsj.gov.ve/decisiones/2003/diciembre/648-10-KPO2-N-2002-000378-7476.html;

www.ingramcontent.com/pod-product-compliance
Lightning Source LLC
Chambersburg PA
CBHW030752180526
45163CB00003B/993